거룩으로 나아갈 때

당신이 하나님을 더 깊이 알아 가고 더 널리 알리는 사람이 되는 것, 이 책에 담긴 예수전도단의 마음입니다. 말씀을 통해 저자가 깨닫고, 원고를 통해 저희가 누릴 수 있었던 그 감동이 책을 통해 당신에게도 전해지기 원합니다. 그리고 당신을 통해 그 기쁨과 은혜가 더 많은 이들에게 계속해서 흘러가기를 기도하겠습니다. 이 책을 통해 당신이 받은 은혜를 다른 분들에게도 나눠 주십시오. 사랑하고 축복합니다.

ⓒ박민호, 2017

본 저작물의 저작권은 도서출판 예수전도단에 있습니다.
저작권법에 의해 보호받는 저작물이므로 무단 전재와 복제를 금합니다.

거룩으로
나아갈 때

박민호

예수전도단

추천의 글

예수전도단 대구지부를 섬기는 하나님의 신실한 종, 박민호 간사의 첫 책에 대한 추천사를 쓰게 되어 영광입니다. 영적 전쟁을 주제로 한 책은 많습니다. 그러나 일부의 영적 리더에게만 해당되는 것이 아닌, 모든 그리스도인들이 악한 영을 대적하는 데 도움을 준다는 점에서 이 책의 의미를 찾을 수 있습니다.

저자는 영적 전쟁은 곧 '삶'이라고 말하며, 하나님과의 친밀감을 갈망하고 사탄의 교묘한 공격을 이길 힘을 하나님과의 코이노니아적 관계에서 찾고 있습니다. 교회인 우리가 세상과 타협했고 그렇기 때문에 세속에 물들었다는 저자의 고백은 하나님 나라가 우리의 삶 구석구석까지 깊이 간섭할 수 있도록 인정해야 하며 결국 복음의 핵심으로 돌아가야 한다는 모든 그리스도인들을 향한 외침입니다.

이 책의 마지막 문장이 내게 큰 깨우침을 주었습니다. "직접적인 복음 전도와 그 복음에 합당한 삶이 영적 전쟁이다."

하나님 앞에서 거룩한 삶을 살고자 하는 사람들에게 그래서 이 땅에 하나님 나라를 확장시키기 위해 하나님과 동행하려는 사람들에게 이 책은 복된 소식이 될 것입니다.

예수전도단 설립자 **오대원 목사**

그동안 많은 리더들이 그리스도인의 영적 전쟁에 대해 말해왔습니다. 영적 전쟁이야말로 그리스도인의 삶에서 아주 중요한 부분이기 때문입니다.

이 책은 우리들이 그동안 읽어온 영적 전쟁에 대한 다른 관점을 제시하고 있으며 저자의 이런 시도는 영적 전쟁이라는 중요한 주제를 보완하고 더 견고하게 이끌어 줄 수 있는 것이라고 생각합니다.

영적 전쟁은 한국 교회의 중요한 가르침 가운데 하나였으나 최근

들어 드러내기에는 거북한 단어가 되어버린 것 같아 안타깝습니다. 더 이상 영적 전쟁을 중요하게 생각하지 않게 된 원인을 살펴보면 영적 전쟁에 대한 몇 가지 오해에서 찾을 수 있습니다. 우리는 간혹 주님의 이름을 마치 능력을 불러내는 주문처럼 사용하는 것을 볼 때가 있습니다. 능력을 갈망하지만 정작 주님과는 친밀한 관계를 맺지 못합니다. 보이지 않는 영역에 집중한 나머지 정작 성경의 핵심과는 벗어나 있거나, 능력대결에 초점을 맞추는 실수를 범하는 것입니다.

저자는 영적 전쟁을 성경 말씀과 그로부터 나온 영적 원리들을 통해 차분히 그리고 이해하기 쉽게 설명해주고 있습니다. 이 책을 읽는 내내 영적 전쟁이라는 주제가 어렵지 않았습니다. 그리고 그리스도인이라면 마땅히 그렇게 살아야 할 부분이라는 것을 확인했습니다. 저는 많은 그리스도인들이 그리스도의 참 제자로 살아가기 원한다는 것을 믿습니다. 그리고 참 제자로 살아가기 원하는 그리스도인들이라면 마땅히 영적 전쟁에 귀기울여야 할 필요가 있습니다. 그런 분들에게 기쁜 마음으로 이 책을 추천합니다.

예수전도단 대표 **박석건 간사**

단언컨대 이 책은 지금까지 내가 배웠던 '영적 전쟁'에 대한 종결판입니다. 고난을 통과한 자만이 누리는 확신과 평강을 가지고 복음적이면서 포괄적이고 실제적인 통찰력을 가진 영적 전쟁의 교과서와 같은 책입니다.

저는 저자와 특별한 관계를 가지고 있습니다. 꽤 오래 전에 만나 오랜 기간 함께 사역을 했던 동역자입니다. 젊기에 실패에 대한 두려움 없이, 열정으로 사역하던 저자의 모습이 아직도 생생합니다. 패기 가득한 청년이 어느덧 깜짝 놀랄 정도의 영성을 가진 중년의 사역자가 되었습니다. 육체적인 어려움을 겪었지만 하나님을 향해 여전히 식지 않는 사랑을 가지고 있는 목회자가 되었습니다. 이 책을 읽는 내내 저는 그의 통찰과 넓은 시각에 감탄을 연발했습니다. 후배이지만 한 수 배운 느낌이 들었습니다. 저를 능가(?)하는 그의 영성에 정말 감탄했습니다.

이 책은 앞에서 말한 대로 영적 전쟁을 자세히 가르치는 교과서와 같은 책입니다. 우리의 삶에 참된 영적 전쟁이 무엇이며, 영적 전쟁의 진정한 목적을 제시합니다. 특히 영적 전쟁을 귀신들과의 싸움으로만 오해하는 사람들에게 복음적인 균형을 주고, 한국 교회가 해야 하는 올바른 영적 전쟁을 겸손하게 나누고 있습니다. 한국 교회를 섬기는 리더들과 그리스도의 제자로 살기를 원하는 헌신된 청년들에게 꼭 권하고 싶습니다.

높은뜻 푸른교회 담임 **문희곤 목사**

영적 전쟁을 다루면서 저자는 과감하게도 모든 그리스도인들은 영적 전쟁으로 부르심 받았다라고 말합니다. 영적 전쟁은 그리스도인의 운명이고 실제라는 주장입니다.

그리스도인들은 언제나 사탄의 유혹과 공격에 노출되어 있습니다. 하나님의 진리를 거짓으로 왜곡하고, 하나님의 성품과 섭리를 거짓이라고 속입니다. 이러한 사탄의 공격에 맞서기 위해 영적인 예배의 회복이 필요하며 삶의 구체적인 영역이 예배가 되어야 한다고 말합니다.

마지막으로 이 책의 특별한 점은 영적 전쟁을 하나님 나라의 확장으로 결론 맺고 있다는 것입니다. 왜 영적 전쟁을 해야 하는 것일까요? 저자는 사회의 모든 영역에서 하나님 나라를 확장해야 한다고 주장합니다. 그것이 이 시대를 살아가는 모든 그리스도인들이 감당해야 할 영적 전쟁인 것입니다.

영적 전쟁이라는 어려운 주제를 성경적으로, 신학적으로, 실제적으로 균형있게 다룬 이 책은 모든 그리스도인들과 신학도들 그리고 목회자들이 반드시 한번은 꼭 읽어야 할 지침서입니다.

서울신학대학교 부총장 **조갑진 교수**

1996년, 가을이었습니다. 제주공항 로비 한 구석에 한 보따리씩 짐을 든 사람들이 모여 있었습니다. 저마다 약간 긴장된 얼굴을 하고 있었지만 호기심 어린 눈빛을 가지고 있었던 그들은 바로 그해 처음 열린 열방대학 예수제자훈련학교(DTS)에 지원한 학생들이었습니다. 그리고 그 무리 중에 저희 부부와 20대 청년이었던 저자가 있었습니다.

그때부터 지난 20여 년 동안 함께 교제하며 동역자로 걸어온 저자가 영적 전쟁을 주제로 책을 출간하게 되어 개인적으로 너무 기쁩니다. 책은 지식과 정보를 전달하는 매개체이기도 하지만 저자가 살아온 인생을 담는 그릇이기도 합니다. 그런 점에서 저는 저자로서 박민호 형제를 신뢰합니다. 저자가 이 책의 제목처럼 살기 위해 걸어간 삶의 흔적을 제가 알고 있기 때문입니다. 이 책은 거룩을 향해 걸어간 저자의 삶의 이야기이기도 합니다.

영적 전쟁을 떠올리면 대개 두 가지의 반응을 봅니다. 단어 그대로 영적인 영역 안에서 일어나는 모든 일을 사탄과의 싸움으로 보는 경향이 하나이고, 영적 전쟁 자체를 삶 가운데 간과하고 살아가는 모습이 또 하나입니다.

저자는 이 책을 통해 이 세상의 삶 가운데 성도들이 겪는 영적인 싸움을 잘 설명해 주면서 그와 함께 실질적인 사례도 다루고 있습니다. 그래서 우리에게 균형 잡힌 시각과 방향을 제시해 주고 있습니다.

그리고 영적 전쟁을 주제로 쓴 많은 책들이 원수와의 싸움에 초점을 맞추고 있습니다. 그러나 이 책은 목차를 보면 알 수 있듯 모든 부분이 하나님이 중심입니다. 하나님과 연합, 하나님의 영광을 바라보는 소망이 우리가 영적 전쟁을 하는 궁극적인 목적과 이유임을 명확히 보여주고 있습니다. 더 나아가 하나님 나라와 백성으로서 전쟁의 승리를 선포하는 삶이 무엇인지 보여주고 있습니다.

그동안 예수전도단 사역과 강의를 통해 이 주제를 꾸준히 다루고 가르쳐 온 저자가 이 책에 담은 메시지는 오늘날 한국 교회와 성도들에게 승리하는 삶을 살기 위해 반드시 필요한 무기와도 같다고 확신합니다. 아무쪼록 이 책이 하나님 나라의 영광과 확장을 선포하는 주님의 축복의 통로가 되기를 진심으로 바랍니다.

제주열방대학 대표 **이창훈 간사**

모태신앙인인 저는 지금까지 한 번도 교회를 떠나본 적이 없습니다. 그런 저에게 교회는 항상 '나의 사랑'이자 '나의 고민'이었습니다. 그러던 중에 예수전도단의 DTS 훈련을 받고 나서 그동안 가졌던 많은 고민을 풀 수 있었습니다. 그래서 제가 받은 은혜를 나누기 위해 교회에서 DTS 훈련을 시작했고, 오랫동안 신앙의 타성에 젖어있던 교회와 성도들의 가슴에 불을 붙여 주었습니다. 여러 강사들이 다녀 갔지만 그 중에서도 특히 이 책의 저자인 박민호 간사의 강의는 훈련생들의 마음을 사로잡았습니다.

사실 박민호 간사는 카리스마가 넘치는 사람이 아닙니다. 강의 내내 조곤조곤 말합니다. 그럼에도 불구하고 강의를 듣는 사람들의 마음을 얼음냉수처럼 시원하게 해주었습니다. 그 이유가 무엇일까 생각해보았습니다. 그것은 한마디로 '반대정신'으로 생각하고, 반대정신으로 살아왔기 때문이라는 생각이 들었습니다.

서울대학교 인문대학 교수들이 함께 펴낸 『낮은 인문학』이란 책에서 장재성 교수는, 서양문명을 읽는 코드를 '로고스'와 '엑소더스'라는 두 개의 단어로 요약하고 있습니다. 저는 이 두 개의 단어를 다시 두 글자로 요약하면 '예수'가 되고, 그 내용은 '반대정신'이라고 생각합니다.

저는 이 책을 읽으면서, 영적 전쟁이란 이 시대의 풍조를 따르는 '시대정신'이 아니라, 예수님처럼 '반대정신'을 가지고 좁은 길을 걸어가는 것이라는 말씀이 가장 마음에 와 닿았습니다.

이 책이 남다른 울림이 있었던 이유는, 지금까지 저자는 반대정신을 가지고 치열하게 고민하며 살아왔고, 그것이 주님의 제자들이 살아내야 할 삶의 모습이기도 하기 때문입니다. 저처럼 교회가 '나의 사랑'인 동시에 '나의 고민'인 분들에게 이 책을 꼭 권해드리고 싶습니다.

마포성광교회 담임 **방원철 목사**

차례

추천의 글 ··· 4

서언 ··· 18

01 영적 전쟁하는 삶으로의 부르심 ··· 23

02 하나님과 연합한 삶이 영적 전쟁이다 ··· 47

03 하나님을 향한 믿음의 삶이 영적 전쟁이다 ··· 73

04 하나님의 영광을 위한 삶이 영적 전쟁이다 ··· 99

05 하나님의 진리로 사는 삶이 영적 전쟁이다 ··· 129

06 영적 전쟁은 하나님 나라를 확장한다 ··· 159

맺음말 ··· 187

참고 도서 ··· 191

서언

한국 교회 안에 영적 전쟁이란 용어가 더 이상 낯설게 여겨지는 것 같지는 않습니다. 하지만, 낯설지 않은 이 용어는 상당히 오랜 기간 교회를 혼란스럽게 만들기도 했습니다. 건강한 관점으로 영적 전쟁을 이해하지 못했기 때문입니다.

어느 나라든지 샤머니즘에 영향을 받지 않은 나라는 없습니다. 이러한 샤머니즘은 기독교에도 심각한 영향을 가져왔습니다. 대표적인 것이 기복신앙입니다. 기복신앙은 하나님의 영광이라는 신앙의 목표를 변질시켰습니다. 성경이 말하는 올바른 복에 대한 이해를 갖지 못한다면 교회는 앞으로도 기복신앙으로부터 결코 자유롭지 못할 것입니다.

샤머니즘은 신앙의 형태에도 영향을 주었습니다. 그 중 대표적인 것이 영적 전쟁입니다. 샤머니즘에 영향을 받은 영적 전쟁의 이해는 교회의 영적 전쟁을 지나치게 주술적이고 종교적으로 바꾸어 놓았습니다.

수년 전, 한 권사님이 자신이 했던 영적 전쟁의 경험을 제게 말쏨해 주신 적이 있었습니다. 내용인즉, 전날 밤 아무도 모르게 성경 구절이 적힌 종이 두루마리를 우상 숭배지가 있는 한 산에 묻어 놓고 왔다는 것입니다. 이분의 가장 큰 실수는 하나님의 말씀을 부적처럼 생각한 것입니다. 이러한 생각은 샤머니즘의 영향입니다.

사실 샤머니즘적인 영적 전쟁 행위들의 예는 조금만 이 부분에 관심을 갖는다면 주변에서 쉽게 발견할 수 있습니다. 하지만, 영적 전쟁은 샤머니즘적 종교 행위가 아닙니다. 단순하게 귀신을 축출하는 수준의 싸움도 아닙니다.

영적 전쟁은 훨씬 더 중요한 목적을 가지고 있습니다. 바로 하나님 나라를 확장하는 것입니다. 그분의 뜻이 하늘에서 이룬 것처럼 땅에서도 이루어지는 것입니다. 이 땅의 잃어버린 모든 영혼 뿐 아니라 사회의 모든 구조 전체가 주님께 돌아오게 하는 것입니다.

그렇기에 영적 전쟁을 단순하게 우상 숭배지에서 일어나는 능력대결, 혹은 다양한 형태의 종교 행위로만 이해해서는 안 됩니다. 악한 세력은 이 땅의 모든 사람, 개개인의 삶뿐 아니라 이들이 살아가는 사회의 모든 구조 안에 영향력을 행사하고 싶어합니다. 하지만, 하나님은 삶의 현장에서 하나님의 뜻에 순종하는 자신의 백성을 통하여 하나님 나라를 이 세상에 실현하길 원하십니다. 따라서, 그리스도인들의 핵심적인 영적 전쟁터는 그들의 삶의 현장이고, 전쟁의 방법은 그리스도 안에서 온전한 삶이어야 합니다.

제가 이 책에서 다루는 내용은 '삶으로 살아내는 영적 전쟁'입니다. 더 나아가 그리스도인의 영적 전쟁하는 삶을 통해 확장되어지는 하나님 나라를 설명할 것입니다.

저는 예수전도단(YWAM)에서 사역하며 하나님의 은혜로 이 단체 뿐 아니라 다양한 교단의 지역 교회에서 15년 이상 영적 전쟁을 강의했습니다. 이 책은 제가 주로 강의한 내용들을 수정 보완해서 출간하는 책입니다. 분명한 것은 이 책은 저 혼자 쓴 책이 아니라는 것입니다. 많은 믿음의 선배들의 가르침과 책을 참고했습니다.

오랜 시간동안 영적 전쟁을 강의하면서 많은 책을 참고했지만, 이 책이 학문적인 책이 아니기에 제가 참고한 책들은 이 책의 뒷면에 목록들을 적는 정도로만 소개하려 합니다. 그러나 제 기억의 한계 때문에, 제가 공부하는 과정에 믿음의 선배들의 언어가 제 언어로 바뀌었기 때문에 저조차도 정보의 출처를 기억할 수 없어 참고 도서 목록에 정확한 정보를 드리지 못하는 점을 독자들에게 미리 양해를 구합니다.

이 기회를 빌려 이 책을 출간할 수 있도록 도와주신 도서출판 예수전도단에게도 감사드립니다. 특별히, 책의 출간을 고민하던 제게 큰 격려와 위로로 용기를 주신 정양호 사장님께 감사드립니다.

또 예수전도단 대구지부에서 함께 섬기는 모든 간사들에게 감사드립니다. 정신없이 돌아가는 사역의 현장 속에서 지부의 리더십들과 동역하는 간사들의 배려가 아니었다면 이 책을 쓰는 것은 엄두도 내지 못했을 것입니다.

저희 가정에 가장 큰 기도 후원자이신 양가 부모님에게도 감사를 드립니다. 저는 양가 부모님들의 새벽 기도에 늘 아들(사위)의 이름이 불려지고 있다는 사실을 너무나 잘 알고 있습니다.

그 누구보다도 사랑하는 아내 이은희 간사와 나의 가장 친한 친구인 두 딸 하늘이와 하진이에게 진심으로 감사와 사랑을 드립니다. 가족은 그 자체로 제게 힘입니다. 위로이며, 사랑이고 안식입니다.

하나님의 은혜로 쓸 수 있었지만, 여전히 저의 부족함이 이 책에 묻어 있습니다. 너그러운 마음으로 이해 부탁드립니다. 부족하지만 이 글이 하나님 나라를 소망하는 모든 이들의 삶에 커다란 도전과 자극이 되길 기도합니다.

1

영적 전쟁하는 삶으로의 부르심

형제들아 나는 너희가 알지 못하기를 원하지 아니하노니 우리 조상들이 다 구름 아래에 있고 바다 가운데로 지나며 모세에게 속하여 다 구름과 바다에서 세례를 받고 (고린도전서 10:1-2)

◆

영적 전쟁,
필연적인
부르심

모든 그리스도인들은 영적 전쟁으로 부르심 받았다.

샤머니즘의 특징은 인간의 배후에서 역사하는 귀신을 달래거나 축출하여 원하는 복을 얻는 것이다. 이때 귀신과 인간의 중재 역할을 하는 존재가 있다. 샤먼(Shaman), 곧 무당이다. 무당은 굿을 통하여 귀신을 달래거나 축출한다. 보통 사람이 두려워하는 일을 대신 해주는 것이다.

나는 어린 시절, 기도원에서 영적인 어려움이 있는 분들을 위해 목사님이 구마 기도를 해주는 장면을 자주 목격했다. 하지만 두려움에 그 자리를 피했기 때문에 그 일의 결과를 본 적은 없다. 그때 분명하게 각인된 한 가지 생각이 있는데 그것은 영성이 뛰어난 목사나 기도원 원장 정도가 되어야 귀신을 내쫓을 수 있다는 생각이었다.

많은 그리스도인들이 영적 전쟁은 목사나 선교사와 같은 영적 지도자, 혹은 영적인 능력이 뛰어난 사람들의 영역이라고 생각한다. 이러한 생각은 샤머니즘에서 무당만이 귀신을 축출할 수 있다는 생각과 별반 다르지 않다. 사실 성경은 영적 전쟁이 모든 그리스도인의 부르심이라고 말한다.

이러한 사실은 이스라엘의 역사를 통해 증명할 수 있다. 사도 바울은 고린도전서에서 교회를 '하나님의 교회'(고전 1:2)로 표현한다. 이스라엘 백성이 자신들을 '여호와의 총회'로 보았던 전통에 따른 것이다(신 23장). 또한 이와 같은 바울의 표현은 예수님의 가르침을 구약의 전통과 관련하여 정확하게 이해했기 때문에 가능한 표현이기도 하다.

구약은 이스라엘을 하나님의 성전(성소)으로 표현한다(시 114:2). 하지만 예수님은 이스라엘, 곧 하나님의 성전을 허무시고 새로운 성전을 세우겠다고 말씀하신다(요 2:19). 이 말씀의 의미는 이스라엘을 대신할 새로운 하나님의 백성을 창조한다는 의미이다. 예수님이 허무시고 다시 세우신 성전은 마지막 때에 예수님의 피로 구원 받은 새 언약의 백성을 말한다. 따라서 하나님이 거하시는 새로운 성전(고전 3:16)인 그리스도인은 새로운 이스라엘이 된다. 바울은 신약의 교회, 곧 그리스도인을 구약 이스라엘에게 하나님이 주신 이상을 실현한 진정한 이스라엘로 보았던 것이다. 따라서 오늘날의 그리스도인들은 구약 시대 이스라엘의 성공과 실패를 보며 하나님이 주시는 다양한 교훈을 얻을 수 있다. 또한 이스라엘의 역사를 이해할 때 그리스도인의 삶의 여정도 이해할 수 있다.

이스라엘 백성이 건넌 두 개의 물

이스라엘 백성은 그들의 역사 속에서 두 개의 물을 건넌다. 그리고 그것은 중요한 영적 의미를 함축하고 있다. 첫째, 이스라엘 백성이 홍해를 건넌 출애굽 사건은 구원의 모형이다.

> 형제들아 나는 너희가 알지 못하기를 원하지 아니하노니 우리 조상들이 다 구름 아래에 있고 바다 가운데로 지나며 모세에게 속하여 다 구름과 바다에서 세례를 받고(고전 10:1-2)

바울은 출애굽 사건을 이스라엘 백성들이 세례 받은 사건으로 표현한다. 세례는 자신의 믿음을 공적으로 인정하는 행위이다. 따라서 출애굽은 구원의 사건이다. 이러한 구원은 하나님의 전적인 은혜로 주어졌다. 즉, 이스라엘 백성이 홍해를 건널 때에 어떠한 노력도 하지 않았다는 것이 이것을 증명한다. 그리스도인에게 주어진 구원도 마찬가지이다. 공로가 있거나 도덕적인 사람이기 때문에 구원을 받은 것이 아니다. 하나님의 전적인 은혜가 인간의 믿음을 유발하였고, 그 믿음으로 말미암아 구원을 받은 것이다. 그래서 구원은 하나님의 선물이다.

> 너희는 그 은혜에 의하여 믿음으로 말미암아 구원을 받았으니 이것은 너희에게서 난 것이 아니요 하나님의 선물이라 행위에서 난 것이 아니니 이는 누구든지 자랑하지 못하게 함이라(엡 2:8-9)

출애굽을 통하여 구원을 경험한 이스라엘 백성은 광야에서 사십 년을 보내야만 했다. 가데스 바네아에서 하나님을 멸시한 대가이다(민 14:11).

광야는 쉬운 곳이 아니다. 나는 수년 전 이집트 광야에서 작은 생수병 하나만을 들고 한 시간을 보낸 적이 있다. 사십 도가 넘는 고온과 뜨겁게 내리쬐는 태양, 그리고 간간히 부는 건조한 모래바람은 오 분이 채 못 되어 나를 바닥에 주저앉게 만들었다.

성경에서 광야는 시련과 고난을 상징한다. 출애굽을 통해 구원을 경험한 이스라엘은 바로 광야, 곧 고난과 시련 가운데 들어간다. 이러한 역사적 사실은 구원을 경험한 그리스도인도 고난과 시련을 경험한다는 사실을 보여 준다.

하지만 그리스도인은 고난과 시련을 부정적으로만 보아서는 안 된다. 기독교가 다른 종교와 대조되는 가장 중요한 특징은 고난을 바라보는 시각이다. 고난을 피하기 위해 복을 기원하는 다른 종교와는 달리, 기독교는 고난을 하나님이 자기 백성의 믿음을 단련시키는 중요한 방법으로 이해한다. 사십 년 동안 광야에서 생활하였던 이스라엘 백성을 통해서도 이 사실을 이해할 수 있다. 하나님이 이스라엘 백성을 광야로 보내신 이유는 단순히 징계하기 위함이 아니라, 그 시간을 통하여 과거의 죄악 된 습관을 버리고 하나님을 향한 믿음을 견고히 하기 위함이다.

이스라엘 백성은 사백삼십 년의 포로 기간 동안 애굽의 다신 문화에 익숙해 있었다. 창세기 46장에는 야곱이 그의 가족과 함께 애굽으로 내려간 장면이 나온다. 칠십 명으로 시작된(창 46:27) 그들의 애굽 생활에서 신앙은 입에서 입으로만 전해졌다. 그렇기 때문에 그들은 삶에서 자연스레 접하는 애굽의 다신 문화에 빠르게 익숙해졌다. 물론 여호와 신앙을 버렸다는 것은 아니다. 하지만 어느 순간부터 이스라엘 백성들 안에 여호와 신앙과 애굽의 다신 문화가 공존하기 시작했다. 이러한 익숙함은 위기의 순간에 곧바로 죄로 드러난다.

대표적인 예로 출애굽기 32장에 나오는 황금 송아지 사건을 꼽을 수 있다. 하나님의 부름으로 시내 산에 올라간 모세가 긴 시간 동안 돌아오지 않자 이스라엘 백성들은 불안했다. 그래서 그들은 아론에게 자신들을 인도할 우상을 만들라고 요구했다(출 32:1). 그때 아론이 백성들의 금을 모아 만든 신의 형상이 송아지였다. 아론이 송아지 형상으로 우상을 만든 이유가 있다. 송아지는 '아피스'라는 신의 형상이다. '아피스'는 애굽의 가축 신이다. 아론은 하나님을 애굽의 가축 신인 '아피스' 형상처럼 만들어 이스라엘 백성에게 숭배하게 했다.

이스라엘 백성들은 사백삼십 년 동안 애굽 생활을 했다. 이 중 노예 생활은 약 백삼십 년 정도이다. 야곱과 그의 가족이 애굽으로 온 때부터 약 삼백 년간 이스라엘 백성은 고센 땅에서 목축을 하며 생활했다(창 47:1-12). 그들의 생업은 목축이었다. 이스라엘 백성들은 노예가 아닌, 평화스러운 이 기간 동안 자연스럽게 '아피스'를 경험했을 것이다. 입으로만 이어진 여호와에 대한 신앙의 자리를 오랜 경험으로 신봉하게 된 '아피스'가 차지하고, 결국에는 시내 산에서 우상 숭배를 하게 된 것이다.

이스라엘 백성은 출애굽을 통해 구원을 경험했음에도 불구하고 오랜 시간 그들의 삶을 지배했던 애굽의 문화, 과거의 습관을 버리지 못했다.

이러한 이스라엘 백성들의 믿음을 훈련시킨 곳이 광야였다. 물과 음식이 없고, 더위와 추위가 맹렬하며, 들짐승과 이방인이 호

시탐탐 그들을 노리는 광야에서 그들이 살아남을 방법은 오직 하나님만 의지하는 것이었다.

> 네 하나님 여호와께서 이 사십 년 동안에 네게 광야 길을 걷게 하신 것을 기억하라 이는 너를 낮추시며 너를 시험하사 네 마음이 어떠한지 그 명령을 지키는지 지키지 않는지 알려 하심이라 너를 낮추시며 너를 주리게 하시며 또 너도 알지 못하며 네 조상들도 알지 못하던 만나를 네게 먹이신 것은 사람이 떡으로만 사는 것이 아니요 여호와의 입에서 나오는 모든 말씀으로 사는 줄을 네가 알게 하려 하심이니라(신 8:2-3)

그리스도인도 마찬가지다. 구원 받았음에도 불구하고 여전히 구원 받기 이전의 잘못된 습성이 남아 있다. 불안하고 힘든 상황이 자신에게 닥치면, 하나님이 아닌 다른 것을 의지하는 이전의 습성이다. 이러한 그리스도인에게 광야의 시간은 고난을 통해 하나님이 아닌 그 어떤 것도 자신에게 도움을 줄 수 없다는 것을 깨닫게 한다. 이 시간을 통하여 하나님만 의지하고 순종할 때 비로소 자신이 살 수 있음을 알게 되는 것이다.

이런 사실을 누구보다 잘 알고 있던 다윗은 시편 119편에서 이렇게 말한다.

> 고난 당한 것이 내게 유익이라 이로 말미암아 내가 주의 율례들을 배우게 되었

나이다(시 119:71)

　이스라엘 백성이 건넌 두 번째 물은 요단 강이다. 광야를 지나온 이스라엘 백성들은 요단 강을 건넌다. 요단 강을 건너던 이 시기는 곡식을 거두는 시기(태양력 4-5월 경)였다. 요단 강에는 강물로 인해 만들어진 자연 제방이 있었는데, 곡식을 거두는 시기에는 요단 강이 이 제방 위로 넘칠 만큼 범람하고 물살이 거세져 그 깊이를 가늠할 수 없을 정도였다.

　　요단이 곡식 거두는 시기에는 항상 언덕에 넘치더라(수 3:15)

　그런데 하나님은 이러한 요단 강을 건너라고 명령하신다. 맨 앞에서 제사장들이 언약궤를 메고 요단 강을 건너야 했다. 제사장과 이스라엘의 입장에서 생각해 보면 깊고 거센 물살의 요단 강을 건너라는 명령은 두려운 명령이다. 자신의 생명을 담보로 해야 하기 때문이다.
　하지만 이들은 순종한다. 광야 사십 년의 시간이 이들의 믿음을 더욱 견고하게 만들어 주었기에 가능한 일이었다. 믿음의 순종은 그들이 발을 물에 담그자 강물이 갈라지는 기적을 경험하게 했다(수 3:15-17).
　우리는 여기에서 한 가지 중요한 깨달음을 얻을 수 있다. 은혜로 구원 받은 하나님 백성의 삶은 믿음과 순종의 삶이어야 한다는 것이다. 믿음과 순종은 하나님 백성의 가장 중요한 특징이다. 믿음과 순종은 하나님의 주권과 섭리를 인정할 때만 가능하다. 믿음과 순종을 보일 때 하나님의 백성은 하나님의 보호아래 인도함을 받는다. 믿음과 순종이 있는 하나님의 백성은 하나님 나라를 이루어가는 그분의 열심에 동참하는 축복을 누리는 자이다.

드려야 할 선물, 가나안

이렇게 요단 강을 건너간 이스라엘 백성들은 가나안으로 들어간다. 그런데 우리는 가나안에 대한 오해를 가지고 있다. 가나안을 기나긴 여정의 끝에서 안식을 누리는 '천국'으로 생각하는 것이다. 하지만 만약 가나안이 천국이라면 심각한 문제가 발생한다. 가나안에 들어가지 못한 모세는 천국에 들어가지 못했다고 생각할 수 있다. 또한 가나안 땅에서 전쟁이 있었다는 것도 가나안이 천국이 아님을 증명한다. 만약 가나안이 천국을 의미한다면 우리는 천국에 가서도 여전히 누군가와 싸워야 하기 때문이다.

그렇다면 가나안은 무엇을 의미하는 것인가? 가나안 땅은 하나님이 이스라엘 백성에게 주신 기업이다. 곧 아브라함과 이삭과 야곱을 통하여 약속하신 언약의 땅이자, 하나님의 선물이다. 그러나 그들이 가나안 땅에서 했던 것은 전쟁이었다. 하나님은 이스라엘 백성에게 가나안에 거주하는 일곱 족속을 진멸할 것을 명령하신다.

> 네 하나님 여호와께서 너를 인도하사 네가 가서 차지할 땅으로 들이시고 네 앞에서 여러 민족 헷 족속과 기르가스 족속과 아모리 족속과 가나안 족속과 브리스 족속과 히위 족속과 여부스 족속 곧 너보다 많고 힘이 센 일곱 족속을 쫓아내실 때에 네 하나님 여호와께서 그들을 네게 넘겨 네게 치게 하시리니 그때에 너는 그들을 진멸할 것이라 그들과 어떤 언약도 하지 말 것이요 그들을 불쌍히 여기지도 말 것이며 (신 7:1-2)

이 진멸 전쟁을 오해하는 사람들이 있다. 하나님이 너무 잔인하다고 생각한다. 하지만 이 진멸 전쟁에는 하나님의 놀라운 성품과 섭리가 드러난다. '진멸'이란 단어는 히브리어 '헤렘(חרם)'을 사용한다. 이 단어는 '선물', '조공'이란 의미가 있다. 즉 일곱 족속에 대한 '진멸' 명령은 하나님에게 그들을 선물로 바치라는 명령인 것이다. 이 명령의 의미는 창세기 15장에 나타난 횃불 언약 중에 하나님이 아브라함에게 하신 말씀부터 이해할 필요가 있다.

먼저 하나님은 아브라함에게 자손과 땅을 기업으로 주실 것을 말씀하신다(창 15:4-7). 그리고 아브라함에게 그의 자손의 미래에 대해서도 말씀하신다.

> 네 자손은 사 대 만에 이 땅으로 돌아오리니 이는 아모리 족속의 죄악이 아직 가득 차지 아니함이니라 하시더니 (창 15:16)

이스라엘 백성들이 이방의 객으로 사백 년을 살다가(창 15:13) 돌아오게 될 것인데, 그 이유가 '아직 아모리 족속(가나안 족속들의 일반적 명칭)의 죄악이 가득 차지 아니함' 때문이라고 말씀하신다. 이 말씀의 의미는 하나님이 아모리 족속에게 앞으로 사백 년이란 회개의 시간을 주시겠다는 의미이다.

당시 아모리 족속의 땅에서는 수많은 우상 숭배와 상식을 벗어난 심각한 도덕적 타락이 행해지고 있었다. 하나님은 이러한 자들에게 인내하시며 오랜 시간 회개의 기회를 주셨다. 만약 그들이 회개하지 않는다면 그 결과로 죄의 대가인 심판을 받을 수밖에 없고, 그 심판의 도구가 이스라엘 백성이었던 것이다. 이스라엘 백성은 하나님의 심판의 도구가 되어 가나안 족속을 진멸함으로 그 땅을 하나님께 선물로 드린 것이다.

그리스도인의 삶도 마찬가지이다. 누구든지 하나님께서 성도에게 주신 기업, 곧 선물이 있다. 가정, 직장, 교회, 인간관계, 재정 등이 그것이다. 하지만 이스라엘 백성이 들어갔던 가나안 땅에 여전히 우상 숭배와 죄악이 남아 있듯이, 하나님이 우리에게 주신 기업에도 하나님이 싫어하시는 영적 문제, 윤리 문제, 세속적 가치관, 타락한 행동습관 같은 다양한 문제들이 존재한다.

그리스도인들은 하나님이 주신 기업 안의 이러한 문제들과 싸워야 한다. 또한 이러한 문제의 배후에서 역사하는 마귀의 세력과 싸워야 한다. 그리고 그 모든 기업을 하나님께 선물로 드릴 책임이 있다. 이러한 면에서 영적 전쟁은 은혜로 구원 받아 하나님이 주신 기업 안에서 믿음으로 살아가는 모든 그리스도인의 부르심이다.

모든 그리스도인은 영적 전쟁의 군사이다. 이것은 선택이 아닌 필연적 부르심이다. 이러한 부르심 속에서 우리가 잊지 말아야 할 것은 영적 전쟁과 그리스도인의 삶이 가진 밀접한 연관성이다. 하나님 백성의 부르심에 대해 더 깊이 이해한다면 이 사실은 더욱 명확해진다.

하나님 백성의 부르심은 두 가지 영역에서 생각할 수 있다. 하나는 존재의 영역(BEING)이고 다른 한 가지는 행위의 영역(DOING)이다. 이러한 부르심을 보여 주는 가장 대표적인 말씀이 창세기 1장 26절 말씀이다.

> 하나님이 이르시되 우리의 형상을 따라 우리의 모양대로 우리가 사람을 만들고 그들로 바다의 물고기와 하늘의 새와 가축과 온 땅과 땅에 기는 모든 것을 다스리게 하자 하시고 (창 1:26)

존재의 영역 (BEING)

인간이 하나님의 형상으로 창조되었다는 것의 가장 일반적 개념은 인간이 하나님과 같이 창조성, 도덕성, 지성, 인격 등을 가졌다는 것이다. 하지만 성경은 하나님의 형상으로 창조된 인간에 대해서 이것 외에도 몇 가지 중요한 존재적 의미를 부여한다.

첫째, 하나님의 형상으로 창조된 인간은 하나님의 자녀이다. 성경은 구원을 그리스도 형상의 회복으로 표현한다(갈 4:19). 또한 구원을 하나님의 자녀 됨으로도 표현한다(요 1:12). 따라서 하나님의 형상으로 창조된 하나님의 백성은 하나님의 자녀가 될 수 있다. 개나 돼지는 절대 하나님의 자녀가 될 수 없다. 하나님의 형상이 없기 때문이다.

둘째, 하나님의 형상으로 창조된 인간은 하나님의 성품을 닮는다. 성경은 구원을 신성한 성품에 참여하는 것으로 말한다(벧후 1:3). 구원이 형상의 회복이기 때문에 하나님의 형상으로 창조된 하나님의 백성은 하나님의 성품을 닮아가며 인격의 성숙을 가질 수 있다. 개나 돼지에게는 절대 온전한 성품이 없다. 단지 본성적이거나 훈련된 습관만 있을 뿐이다. 그것은 하나님의 형상이 없기 때문이다.

위의 두 가지 의미를 종합해 보면 하나님의 형상으로 창조된 인간은 하나님의 성품을 닮은 하나님의 자녀이다. 이것은 인간이 어떤 존재적 부르심을 가진 자인가를 보여 준다. 하나님 자녀로서의 가장 중요한 부르심은 하나님과 친밀함을 누리는 삶을 사는 것이다. 이것은 하나님이 인간을 창조하신 가장 중요한 목적이다. 하나님의 자녀인 인간은 근본적으로 하나님에게 의존적인 존재이다. 하나님을 떠난 인간은 정상적인 삶을 살지 못한다. 파스칼이 말했듯이 모든 사람들에게는 하나님에 의해서만 채워질 수 있는 공허함이 존재하기 때문이다. 따라서 하나님과의 친밀함으로의 부르심은 인간 존재의 본질적인 문제이다.

행위는 존재보다 절대 앞설 수 없다. 인간의 행위와 공로는 인간이 하나님의 자녀 되는 것보다 결코 앞서지 못한다. 하나님은 그분의 일을 시키려고 인간을 창조하지 않으셨다. 하나님의 일에 동참하는 것은 하나님 백성의 행위의 문제이다. 행위는 존재 다음의 문제이다. 하나님 형상으로 창조된 인간은 하나님과 친밀한 관계를 누리며 그분의 성품을 닮아가는 자녀로 부름을 받았다. 이것은 본질적 부르심이고 인간론의 핵심이다.

성경은 인간의 근본적 부르심인 하나님과의 친밀한 삶을 '동행'이라 표현한다. '동행'의 히브리어는 '할락'(הלך)이다. 이 단어는 '거닐다', '함께 가다', '교제하다'라는 의미를 가지고 있다. 하나님과 동행한다는 것은 하나님과 함께 가는 것이다. 성경은 하나님을 동행하시는 하나님으로 묘사한다.

그들이 그날 바람이 불 때 동산에 거니시는 여호와 하나님의 소리를 듣고(창 3:8)

처음부터 인간과 동행하셨던 하나님은 인간이 타락한 이후에도 여전히 인간에게 당신과의 동행을 요구하신다. 하나님과 동행할 때 인간은 하나님과 같은 방향을 보고, 같은 마음을 가지며, 또 무엇보다 친밀함을 누릴 수 있기 때문이다.

아브람이 구십구 세 때에 여호와께서 아브람에게 나타나서 그에게 이르시되 나는 전능한 하나님이라 너는 내 앞에서 행하여 완전하라(창 17:1)

십자가는 하나님과 동행이 깨진 인간에게 새롭게 동행의 은혜를 베푸시는 하나님의 신실하심을 나타낸다.

아버지께서는 모든 충만으로 예수 안에 거하게 하시고 그의 십자가의 피로 화평을 이루사 만물 곧 땅에 있는 것들이나 하늘에 있는 것들이 그로 말미암아 자기와 화목하게 되기를 기뻐하심이라(골 1:19-20)

너희를 불러 그의 아들 예수 그리스도 우리 주와 더불어 교제하게 하시는 하나님은 미쁘시도다(고전 1:9)

행위의 영역 (DOING)

인간이 하나님의 형상으로 창조되었다는 것은 또 한 가지 중요한 의미가 있다. 그것은 인간이 하나님의 청지기, 곧 하나님의 동역자임을 의미하는 것이다. 창세기 1장 26절에서 보았듯이 하나님은 하나님의 형상으로 창조된 인간에게 자신이 창조하신 천하만물을 다스리는 통치권을 위임하셨다. 존재의 영역(BEING)과 종합해 보면, 하나님은 하나님이 창조한 세상을 하나님의 자녀가 하나님의 성품을 가지고 하나님과 함께 다스리길 원하셨기 때문에 인간을 창조하셨다. 이 세상에는 하나님이 직접 다스리는 영역과 인간을 통해 간접적으로 다스리는 영역이 있다. 반대로 말하면 이 세상은 처음부터 하나님과 인간이 함께 다스리지 않으면 올바르게 돌아갈 수 없다.

신학대학 시절 교수님께 다음과 같은 질문한 적이 있다. "전능하신 하나님은 왜 한 번에 이 세상을 변화시키지 않으십니까?" 그때 들었던 교수님의 대답이 아직까지 기억에 생생하다. "자네와 함께하고 싶어서라네." 하나님은 인간과 함께 일하시길 원하신다. 이 사실을 보여 주는 중요한 구절이 있다.

> 여호와 하나님이 땅에 비를 내리지 아니하셨고 땅을 갈 사람도 없었으므로 들에는 초목이 아직 없었고 밭에는 채소가 나지 아니하였으며 (창 2:5)

이 말씀은 하나님이 만드신 들에 초목이 없었고, 밭에 채소가 없었던 이유를 보여 준다. 여호와 하나님이 땅에 비를 내리지 않으셨고, 사람이 땅을 갈지도 않았기 때문이다. 결국 하나님은 하나님으로서 하시는 일이 있고, 인간은 인간으로서 해야 할 일이 있다는 것을 보여 준다.

사실 믿음과 하나님의 일하심도 이런 관계로 설명할 수 있다. 전능하신 하나님은 무엇이든 하실 수 있지만, 인간이 해야 할 영역은 인간이 해야 한다. 자신은 아무 노력도 하지 않으면서 하나님이 다 이루실 것이라 말하는 것은 직무 유기이다. 인간이 해야 할 일을 하지 않고 기도만 하면 다 이루어질 것이라고 생각만 하는 것도 직무 유기이다. 만약 이 말이 틀리다면 그리스도인은 모두 서울대를 가야 하고, 좋은 직장에 취직해야 하며, 사업이 성공하고, 늘 건강해야 할 것이다. 하나님은 인간과 함께 일하기를 원하신다.

하지만 인간이 세상을 다스리는 권세를 가졌다고 해서 하나님이 될 수 있는 것은 아니다. 하나님이 선악과를 주신 이유는 '너는 모든 것을 할 수 있는 자이지만, 이것은 내게 순종하는 전제에서 가능하다'는 것을 보여 주기 위함이다. 이 말은 '너와 나는 기본적으로 급이 다르다'는 것이다. 인간이 아무리 존귀해도 하나님이 창조하신 피조물이다. 다만 인간이 다른 피조물과 구별되는 것은 하나님의 형상을 가진 청지기로 하나님과 함께 세상을 다스리는 왕 같은 존재로서의 피조물이라는 것이다.

이러한 청지기로서 인간의 책임은 인간의 타락 이후에도 계속된다. 타락한 세상을 보면 '하나님이 살아 계신가?', '살아 계신다면 그분은 전능하실까?'라는 질문을 하게 된다. 하나님은 분명 살아 계신다. 그리고 그분은 전능하셔서 못하실 일이 전혀 없으시다. 그러나 모든 것에 제한 받지 않으시는 전능하신 하나님을 제한하는 한 가지가 있다. 그것은 그분의 속성이다. 하나님은 하나님 자신의 속성에 의해서만 제한을 받으신다. 그렇기 때문에 하나님은 처음에 하나님이 세우신 창조의 원리를 거스르지 않으신다.

하나님은 처음부터 인간과 이 세상을 함께 다스리기로 결정하셨다. 이것은 하나님이 계획하신 창조 원리이다. 인간의 타락조차도 하나님의 창조의 원리를 절대 깨뜨리지 못한다. 그 원리는 완벽하기 때문이다. 이 때문에 하나님은 이 세상을 변화시키고 바꾸는 일을 인간과 함께하시는 것이다. 우리 삶의 현장에서 만나는 세상 문화, 곧 정신과 가치와 행동들, 그리고 그로 인한 모든 결과들에 대해 하나님은 인간과 함께 책임지길 원하신다.

에스겔 36장은 타락한 이스라엘을 정결하게 회복하실 하나님을 예언한다. 하나님이 이스라엘을 정결하게 하시는 이유는 여호와의 거룩한 이름을 그분이 아끼셨기 때문이다(21-22절). 그리고 이러한 거룩함을 드러내어 세상이 여호와를 알게 하기 위해서이다(23절). 결국 에스겔 36장은 하나님의 백성을 회복하셔서 그분의 영광을 회복하시려는 하나님의 의도를 보여 준다. 하나님은 에스겔 36장 전반에 걸쳐 이 일이 하나님의 주권적인 은혜로 이루어질 것이라 말씀하신다. 하지만 이 장의 거의 마지막에 가서 다음과 같이 말씀하신다.

> 주 여호와께서 이같이 말씀하셨느니라 그래도 이스라엘 족속이 이같이 자기들에게 이루어 주기를 내게 구하여야 할지라(겔 36:37)

하나님은 이스라엘을 변화시키는 일에 하나님의 사람들을 동역자로 부르셨다.

삶에서의 영적 전쟁

수년 전 한 교회의 청년부에 특강을 하기 위해 갔다. 강의 전 식사 시간에 청년부 리더인 한 자매와 잠시 이야기를 할 기회가 있었는데 그녀는 겸손하게 자신의 삶에 있었던 처절한 실패에 대해 나누어 주었다. 그녀는 대학 시절 예수전도단에서 하는 '대학생 예수제자훈련학교(UDTS)'를 수료한 자매였다. 훈련 기간 중 그녀는 사회를 변화시키는 하나님의 동역자로 살기로 결심했다. 그녀는 최선을 다해 대학 생활을 보냈으며, 졸업 후 공무원이 되어 한 지역의 공공기관에서 근무하게 되었다.

대학 시절부터 영역 선교사의 삶을 배우고 꿈꿔 왔던 그녀는 하나님이 자신을 통해 직장을 변화시켜 주시길 간절히 열망했다. 그리고 매일 아침 기도하는 마음으로 출근했다. 하지만 그녀의 현실은 그녀의 기대와 다른 방향으로 가는 듯 했다. 과도한 업무 스트레스, 주변 사람들의 비상식적 언어와 행동들, 동료들과의 보이지 않는 경쟁과 배신, 상사들의 불합리한 요구, 그리고 세속적 회식 문화. 이 모든 것들이 그녀를 힘들게 만들었다.

처음에는 이러한 문제 앞에서 겸손하게 주의 도우심을 구했다. 그리고 대학 시절 훈련을 통해 배웠듯이 직장을 위해 기도했고, 예수의 이름으로 부조리의 배후에 역사하는 마귀의 세력을 향해 영적 전쟁도 했다. 그런데 그 기도와 영적 전쟁이 그녀가 원하는 만큼 빠르고 정확하게 응답되는 것 같아 보이지 않았다.

시간이 흐를수록 그녀는 지치기 시작했고, 자신의 한계에 부딪혔다. 그러던 어느 순간, 그녀는 자신이 조금씩 주변의 상황과 타협하고 있다는 사실을 알게 되었다. 그럴 때마다 그녀는 '남들도 다 그러는데 뭐', '최소한 내가 저 사람보다는 낫지'라는 생각으로 자기 자신을 합리화하기 시작했다.

하지만 이러한 자기 합리화의 시간들은 오래가지 못했다. 어느 순간 그녀는 심각한 자기 자신을 보게 된 것이다. 자신이 변화시키길 원했던 여러 가지 현실적 문제와 완전히 타협하고 있는 자기 자신의 모습을 보았다. 그녀의 삶은 완전히 무너졌다. 내면의 정죄감이 계속 자신을 짓눌렀다. 정죄감이 심해질수록 자기 자신이 미워졌다. 그래서 또 자신의 삶을 방치했다. "그리스도인이라고 하지만 너도 우리와 똑같아!"라고 말하는 주변 사람들의 말이 그녀를 더욱 낙담하게 만들었다. 결국 그녀는 직장을 떠날 수밖에 없었다.

이 자매의 간증은 짧지만 강렬했다. 자매가 겪은 갈등은 지금 이 순간에도 세상 가운데 살아가는 그리스도인이라면 누구나 겪을 수 있는 지극히 현실적인 갈등이기 때문이다. 그리스도인으로서 갖는 최소한의 양심은 죄로 가득한 세상 속에서 살아가야 하는 그리스도인을 더 힘들게 만든다. 이 자매의 간증이 강렬했던 더 큰 이유는 우리가 싸워야 할 전쟁터가 어디인지를 명확하게 보여 주기 때문이다.

영적 전쟁에 대한 오해 중 하나는 영적 전쟁을 능력대결 수준으로 이해하는 것이다. 이러한 이해는 영적 전쟁을 종교적인 틀에 가두어 놓는다. 교회와 선교단체는 영적 전쟁을 전도여행의 여정 중 우상 숭배지에서 해야 하는 이벤트 수준으로 만들어 놓았다. 하지만 우상을 섬기는 곳에서만 마귀의 역사가 일어나는 것은 아니다.

마귀의 역사는 인간의 삶의 모든 현장에서 일어나고 있다. 귀신 들린 사람만 마귀의 영향을 받는 것이 아니다. 매순간 현실의 삶을 살아가는 모든 사람들은 삶의 현장에서 다양한 형태의 마귀의 영향을 받고 있다. 종교적인 영역에만 마귀의 영향이 있는 것이 아니다. 마귀는 정치, 경제, 교육, 대중 매체 등 모든 사회 영역에 영향을 주고 있다.

영적 전쟁의 중요한 싸움터가 삶의 현장이라는 사실은 우리에게 영적 전쟁의 방법을 제시하기도 한다. 우리가 배워 온 영적 전쟁의 방법은 기도를 통한 명령과 찬양 등 종교적 방법이었다. 물론 이런 방법들도 중요하다. 하지만 이것보다 더 근본적인 것은 삶 그 자체가 영적 전쟁이어야 한다는 것이다.

결국 하나님의 백성이 그들에게 주어진 상황 속에서 '어떠한 삶을 사는가?'가 중요한 영적 전쟁의 방법이 되는 것이다. 즉, 그리스도인이 '어떠한 마음의 태도를 가지고 사는가?'가 영적 전쟁이다. 또한 '어떤 행동을 하는가?', '어떤 말을 하는가?'도 영적 전쟁이다. '어떤 생각에 영향을 받고 사는가?'가 영적 전쟁이다. 나아가 자신의 삶의 영역에서 '하나님이 없는 문화와 어떻게 싸우고 있는가?'가 영적 전쟁이다.

삶에서의 영적 전쟁은 가장 어려운 영적 전쟁의 방법이다. 마귀가 다스리는 이 세상이 호락호락하지 않기 때문이다. 그리스도인이 삶으로 마귀와 싸워야 하는 이 세상은 이미 세속적인 문화와 방식이 자리 잡고 있다. 세상의 기준으로 볼 때 성경적 방식으로 산다는 것은 따분하고 고루한 방식이다. 주변 사람들에게 민폐를 주는 '문화적 죄'처럼 보인다.

너무나 많은 그리스도인들이 세상과 타협했다. 재미있는 사실은 그리스도인이 이 세상과 타협하면 할수록 교회는 점점 더 종교화 되어 간다는 것이다. 형식적인 종교 생활은 삶에 대해 책임지지 않는 자기 자신을 용서하기에 가장 그럴싸한 행동이기 때문이다. 이러한 모습 속에 교회는 점점 영향력을 잃어가고 만다.

마귀는 그리스도인의 삶을 세상과 타협시키기 위해 회유와 협박과 조롱과 유혹을 반복한다. 조금이라도 틈이 생기면 마귀는 우는 사자처럼 우리를 삼키려 한다. 이들은 절대 포기하지 않는다. 그리스도인을 넘어뜨릴 수만 있다면 수십 년도 기다릴 수 있다. 무너뜨리는 것은 한순간에도 가능하기 때문이다.

그리스도인이 자신의 삶의 영역에서 온전하게 산다는 것은 결코 쉬운 일이 아니다. 이러한 삶이 영적 전쟁이기 때문에 마귀의 거센 저항에 부딪친다. 하지만 그리스도인의 온전한 삶은 마귀를 무력화 시킬 수 있다. 뜻이 하늘에서 이루어진 것같이 땅에서도 이루어지게 할 수 있다. 이것이 영적 전쟁이다.

2

하나님과
연합한 삶이
영적 전쟁이다

영적 전쟁에서 중요한 것은 예수의 이름으로 명령하는 이들이 예수와 어떤 관계를 가지고 있는가이다. 만약 그리스도인들이 예수님과의 올바른 관계 안에서 거한다면 이들은 더 놀라운 영적 전쟁의 승리를 경험할 수 있는 것이다.

◆
그리스도와의
연합

 호프 인터내셔널(HOPE International)의 CEO인 피터 그리어(Peter Greer)는 그리스도인의 삶에서 볼 수 있는 한 가지 모순을 지적한다. 그것은 '선을 행하는 중에도 따라오는 어두운 면'이다. 이것은 내 삶에서 나를 가장 괴롭히는 모순이기도 하다.
 나는 선교단체의 리더로서, 함께하는 수많은 사역자들이 그들 각자의 부르심에 따라 하나님 나라를 섬길 수 있도록 돕고 있다. 성경 교사로서 많은 나라와 지역의 교회에서 말씀 사역을 감당한다. 영적 지도자로서 다양한 사람을 만나 상담하고 조언한다. 지역을 변화시키기 위한 네트워크에도 참여한다.

하지만 이것은 단지 눈에 보이는 나의 사역일 뿐이다. 열심을 다해 하나님 나라를 섬기지만, 내 내면과 삶 속에서는 마귀의 유혹과 싸우는 치열한 영적 전쟁이 계속되고 있다. 가끔 함께하는 사역자들에게 "나는 언제 터질지 모르는 시한폭탄 같다"는 말을 한다.

나는 내가 모든 순간에서 성령 충만한 삶을 살지 못하고 있다는 사실을 알고 있다. 세상의 기준으로 판단해 성공한 사역자를 보면 시기심과 비교의식이 생긴다. 세속적인 욕심으로 원하는 물질을 소유하여 행복해하는 내 모습을 상상할 때도 있다. 성적인 유혹은 아름다운 아내와 함께 살지만 여전히 가장 강력한 유혹 중 하나이다. 이해되지 않는 현실 속에 하나님을 찾지만, 사실 압박감에 괴로워할 때도 많다. 리더로서 이해받지 못한다고 생각될 때 화가 나고 외롭다. 하나님이 부르셨다는 소명으로 섬기지만 때론 월급이 없는 선교단체 간사의 삶은 버거울 때도 있다. 가장으로서의 책임과 두려움이 하나님의 부르심을 뛰어 넘기도 한다. 더 인정받고 싶은 마음은 내 안에 숨겨진 야망을 자극한다.

나는 순간순간 내 삶에 따라오는 이러한 어두운 면들로 인해 갈등하고 고민한다. 그리고 마귀는 집요하게 나의 어두운 면을 공격한다. 이러한 연약한 모습들 중 어떠한 것들은 때론 인간관계에 어려움을 준다. 이로 인해 깊은 영적 침체기에 빠져 성령의 기름 부음을 느끼지 못하면서 사역하기도 했다. 과거 나는 이러한 연약함을 공격하는 마귀와 나의 의지를 무기 삼아 싸우려 했다. 의지적으로 더 헌신하고, 의지적으로 더 용서하고, 의지적으로 더 나누는 삶을 살았다. 의지는 하나님이 주신 최고의 선물이기 때문에 내 의지로 무엇이든지 극복할 수 있다고 생각했다. 하지만 내 의지는 내가 생각한 것만큼 강하지 못했다. 의지가 어두운 면을 극복하기 위한 요소는 될 수 있지만, 근본적인 해결책은 아니라는 것을 알지 못한 것이다. 나는 철저하게 실패했다.

주문이 된 예수의 이름

사도행전 19장은 에베소에서 일어난 놀라운 부흥을 다루고 있다. 바울은 에베소에 도착한 후 처음 석 달 동안 회당에서 하나님 나라를 전했지만 유대인들의 심각한 도전을 받게 된다. 이로 인해 바울은 회당에서 나와 두란노서원에서 약 2년 동안 날마다 하나님 나라를 강론한다(행 19:8-9). 이때 바울은 하나님의 권능으로 병든 자를 고치고, 악귀도 내어 쫓는다(행 19:11-12).

이 일에 대한 소문은 급기야 그 지역의 마술하는 자들에게까지 퍼졌다. 당시 에베소 지역은 주술적 행위로 악귀를 쫓던 곳이었다. 주술적 행위를 하는 자들은 악귀를 내어 쫓기 위해 다양한 주술적 이름을 이용했다. 실제로 비 그리스도인 중 일부가 이 일을 위해 예수의 이름을 사용했다는 기록이 발견되기도 했다.

이러한 자들 중 본문은 유대의 제사장 스게와의 일곱 아들을 언급한다. 유대인이었던 이들은 에베소 지역에서 주술 행위로 악령을 내쫓는 일을 했다. 성경에는 자세히 언급되지 않았지만, 이들은 대제사장의 가문을 빙자하여 자신의 주술적 행위를 선전했던 사람들이었을 가능성이 더 크다. 그들은 '바울이 전파하는 예수를 의지하여' 명령했다. 바울의 손으로 일어나는 놀라운 능력을 보았기 때문에 예수의 이름만이 아니라, 능력을 줄 수 있을 만한 모든 이름을 사용하려고 '바울'과 '예수'의 이름 모두를 사용했던 것이다.

> 이에 돌아다니며 마술하는 어떤 유대인들이 시험 삼아 악귀 들린 자들에게 주 예수의 이름을 불러 말하되 내가 바울이 전파하는 예수를 의지하여 너희에게 명하노라 하더라 유대의 한 제사장 스게와의 일곱 아들도 이 일을 행하더니
>
> (행 19:13-14)

하지만 '바울이 전파하는 예수를 의지하여' 명령한 결과는 그들의 기대와 같지 않았다. 도리어 그들은 악귀 들린 자로 인해 큰 수치를 당하게 된다.

> 악귀가 대답하여 이르되 내가 예수도 알고 바울도 알거니와 너희는 누구냐 하며 악귀 들린 사람이 그들에게 뛰어올라 눌러 이기니 그들이 상하여 벗은 몸으로 그 집에서 도망하는지라(행 19:15-16)

그렇다면 스게와의 일곱 아들들이 실패한 이유가 무엇인가? 그들은 '예수의 이름'을 주문의 수준으로 이해했기 때문이다. 그들은 예수를 알지 못했다. 그분의 삶과 가르침에 대한 이해도 없었다. 당연히 예수를 향한 믿음도 없었으며 거룩한 삶도 뒤따르지 않았다. 그들이 알고 있던 것은 단지 바울이 '예수의 이름을 의지하여' 명령할 때 능력이 드러났다는 사실이었다.

그래서 그들은 '바울이 전파하는 예수'의 이름을 주문처럼 말한 것이다. 여기에 중요한 진리가 있다. 예수와의 올바른 관계에서 출발하는 온전한 삶이 따르지 않는다면 '예수의 이름'은 주문에 불과하다는 사실이다.

오늘날 영적 전쟁의 현장에 있는 그리스도인들의 실수도 여기 있다. 그들은 '예수의 이름'에 능력이 있다는 사실은 모두 알고 있다. 그래서 '예수의 이름'으로 수없이 명령하지만 현장에서는 그들이 기대하는 결과를 경험하지 못한다. '예수의 이름'은 능력이고 실제임에도 불구하고, 어두움이 지배하는 우상 숭배의 현장은 고사하고 치열한 내 삶의 현장에도 아무런 변화가 없다.

영적 전쟁에서 중요한 것은 예수의 이름으로 명령하는 이들이 예수와 어떤 관계를 가지고 있는가이다. 만약 그리스도인들이 예수님과의 올바른 관계 안에서 거한다면 이들은 더 놀라운 영적 전쟁의 승리를 경험할 수 있는 것이다.

> 그런즉 너희는 하나님께 복종할지어다 마귀를 대적하라 그리하면 너희를 피하리라(약 4:7)

그리스도와의 연합

> 너희를 불러 그의 아들 예수 그리스도 우리 주와 더불어 교제하게 하시는 하나님은 미쁘시도다(고전 1:9)

이 말씀은 하나님의 교회(고전 1:2), 곧 그리스도인이 가지는 중요한 특권을 보여 준다. 교회는 그리스도와 교제할 수 있는 특권을 가지고 있다. 그리스도인들에게 하나님의 신실하심은 그들이 하나님의 아들 예수 그리스도와 교제할 수 있음으로 드러난다.

교제라는 단어의 헬라어는 '코이노니아(κοινωνία)'이다. 코이노니아의 가장 중요한 의미는 '연합', '참여'이다. 따라서 그리스도인이 예수 그리스도와 교제한다는 의미는 예수 그리스도와 연합하여 그분의 모든 것에 참여하는 것을 말한다. 그것은 곧 영적 전쟁과도 깊은 연관이 있다.

마태복음 16장 13절 이하의 말씀은 이러한 연관성을 보여 준다. 빌립보 가이사랴 지방에서 예수님은 자신의 신분에 대하여 제자들에게 질문하신다(13, 15절). 이 질문의 의도를 정확히 파악한 베드로의 답변은 베드로의 신앙고백일 뿐 아니라, 이후 교회의 정체성을 말하는 교회의 신앙고백이 되었다.

> 시몬 베드로가 대답하여 이르되 주는 그리스도시요 살아 계신 하나님의 아들이시니이다(마 16:16)

예수님은 베드로의 지혜로운 답변을 칭찬하시며 다음과 같이 말씀하신다.

> 또 내가 네게 이르노니 너는 베드로라 내가 이 반석 위에 내 교회를 세우리니 음부의 권세가 이기지 못하리라(마 16:18)

이 말씀에서 반석은 '주는 그리스도시요 살아 계신 하나님의 아들이다'라는 베드로의 신앙고백을 의미한다. 하나님의 교회는 베드로가 했던 신앙고백에 기초를 두고 있다. 다시 말해 모든 그리스도인은 베드로와 같은 신앙고백을 통하여 그리스도와 연합하고, 그리스도의 모든 것에 참여한 자들이다.

음부의 권세는 사망의 세력인 마귀의 권세를 말한다. 이 말씀에서 예수님은 마귀의 권세가 베드로와 같은 신앙고백 위에 서 있는 교회를 이길 수 없다고 선언하신다.

이 말씀이 보여 주는 진리는, 그리스도와 연합되어 그리스도의 모든 일에 참여하는 교회, 즉 그리스도인은 반드시 영적 전쟁에서 승리한다는 것이다. 이것은 변함없는 진리이다. 이 진리는 '그리스도에 연합하여 그리스도에 참여한다'는 말의 구체적인 의미를 알게 되면 더 쉽게 이해된다.

그리스도의 죽음과 부활에의 참여

구원 받은 그리스도인의 내면에는 새사람과 옛사람이 공존한다. 새사람이란 성령을 따라 살고자 하는 거듭난 사람을 말한다. 옛사람이란 여전히 죄의 본성을 따르려는, 거듭나기 이전의 모습을 가진 사람을 말한다(골 3:9-10). 예수를 믿어 새사람을 입는다 할지라도 인간 안에는 여전히 옛사람이 살아 있다. 이 두 사람은 그리스도인의 내면에서 끊임없이 갈등을 유발한다(갈 5:16-17).

거듭난 그리스도인으로서 새사람을 입어 하나님을 따르고 싶은 마음이 있다 할지라도, 본질상 죄인인 인간 내면의 옛사람은 여전히 세상을 따르고 싶어 하기 때문이다. 바울의 탄식도 이러한 배경 속에서 나온다.

> 내 속사람으로는 하나님의 법을 즐거워하되 내 지체 속에서 한 다른 법이 내 마음의 법과 싸워 내 지체 속에 있는 죄의 법으로 나를 사로잡는 것을 보는도다 오호라 나는 곤고한 사람이로다 이 사망의 몸에서 누가 나를 건져내랴(롬 7:22-24)

이러한 갈등 가운데 만약 그리스도인이 새사람을 따라 살면 진리 안에서 성령의 열매와 순종의 열매를 맺는다. 하지만 옛사람을 따라 살면 육체의 본성을 따라 온갖 죄를 짓게 된다(갈 5:19-24). 그렇기에 마귀는 인간이 옛사람을 따라 살도록 끊임없이 유혹한다. 이 유혹은 상당히 자극적이며 달콤하다. 틈을 타고 들어오기 때문에 인간을 조용히 파멸의 길로 인도한다. 따라서 그리스도인이 마귀에게 틈을 주지 않기 위해서는 자신의 내면 안에 있는 옛사람을 날마다 죽이는 삶을 살아야 한다.

옛사람을 죽이는 방법은 삶 속에서 날마다 그리스도의 죽음과 부활에 참여하는 것이다. 그리스도인은 그와 연합하였기 때문에 그리스도의 죽음에도 참여하게 된다. 그리스도가 십자가에서 죽으셨기 때문에 그리스도와 연합한 그리스도인도 자연스럽게 십자가에서 죽음을 경험한다. 이때 죽는 것은 나의 옛사람이다.

> 그리스도 예수의 사람들은 육체와 함께 그 정욕과 탐심을 십자가에 못 박았느니라(갈 5:24)

그리스도가 십자가에서의 죽으심은 인간의 모든 죄를 담당하시기 위해 죄에 대해서 단번에 죽으신 것이다.

> 이와 같이 그리스도도 많은 사람의 죄를 담당하시려고 단번에 드리신 바 되셨고(히 9:28)

그리스도가 죄에 대해 죽었기 때문에 그와 연합한 그리스도인들도 죄에 대해 죽었다. 그 결과로 죄에 대해 더 이상 종노릇 하지 않아도 된다. 이러한 죽음은 회심의 순간에 단 한 번만 일어나는 것이 아니다. 마귀가 인간을 유혹하여 옛사람을 자극할 때마다 옛사람을 십자가에 죽여야 한다.

> 형제들아 내가 그리스도 예수 우리 주 안에서 가진 바 너희에 대한 나의 자랑을 두고 단언하노니 나는 날마다 죽노라(고전 15:31)

이때 마귀는 무력화된다. 이것이 바로 그리스도인이 영적 전쟁에서 승리하는 비결이다.

또 한 가지 중요한 것은 부활이다. 그리스도는 죽음에 머물러 계시지 않았다. 그분은 죽음을 이기고 부활하셨다. 따라서 그리스도와 연합한 그리스도인도 마찬가지로 부활에 참여한다. 그리스도 안에서 부활이 그리스도인에게 실제가 되는 것이다. 이때 새사람이 부활한다. 그리고 새사람은 날마다 하나님을 향해 자라간다.

> 그러므로 우리가 낙심하지 아니하노니 우리의 겉사람은 낡아지나 우리의 속사람은 날로 새로워지도다(고후 4:16)

겉사람은 우리의 육체를 말한다. 그리고 속사람은 그리스도와 부활한 새사람을 말한다. 그리스도인의 육체는 시간이 지날수록 연약해지고 결국 흙으로 돌아가겠지만, 그리스도와 함께 부활한 새사람은 그리스도의 장성한 분량에 이르기까지 날마다 자랄 것이다.

특별히 날마다 자라는 새사람은 성령의 열매를 맺는 삶으로 드러난다. 사도 바울은 갈라디아서 5장 16절 말씀에서 갈라디아 성도들을 향하여 "너희는 성령을 따라 행하라"고 명령한다. 그리고 성령을 따라 행하는 자들이 맺을 성령의 열매를 다음과 같이 이야기 한다.

오직 성령의 열매는 사랑과 희락과 화평과 오래 참음과 자비와 양선과 충성과 온유와 절제니 이 같은 것을 금지할 법이 없느니라(갈 5:22-23)

이러한 성령의 열매들은 현실에서 그리스도인의 인격으로 드러난다. 인격은 사람의 됨됨이가 되어 마귀의 공격으로 발생될 수 있는 여러 가지 상황 속에서 올바른 선택을 할 수 있도록 한다. 마귀의 공격을 무력화하는 것이다.

하나님께로 가는 끊임없는 투쟁

성경이 말하는 거룩한 삶은 그리스도인이 그리스도의 죽으심과 부활에 참여함으로만 가능하다. 날마다 나의 옛사람을 죽이고 새사람은 더 하나님께 가까이 가는 끊임없는 투쟁 속에 이루어지는 것이 거룩한 삶이다. 로마서 6장에서 사도 바울은 이 원리를 증명하고 있다.

그런즉 우리가 무슨 말을 하리요 은혜를 더하게 하려고 죄에 거하겠느냐 그럴 수 없느니라 죄에 대하여 죽은 우리가 어찌 그 가운데 더 살리요 무릇 그리스도 예수와 합하여 세례를 받은 우리는 그의 죽으심과 합하여 세례를 받은 줄을 알지 못하느냐 그러므로 우리가 그의 죽으심과 합하여 세례를 받음으로 그와 함께 장사되었나니 이는 아버지의 영광으로 말미암아 그리스도를 죽은 자 가운데서 살리심과 같이 우리로 또한 새 생명 가운데서 행하게 하려 함이라 만일 우리가 그의 죽으심과 같은 모양으로 연합한 자가 되었으면 또한 그의 부활과 같은 모양으로 연합한 자도 되리라 우리가 알거니와 우리의 옛사람이 예수와 함께 십자가에 못 박힌 것은 죄의 몸이 죽어 다시는 우리가 죄에게 종 노릇 하지 아니하려 함이니 이는 죽은 자가 죄에서 벗어나 의롭다 하심을 얻었음이라 만일 우리가 그리스도와 함께 죽었으면 또한 그와 함께 살 줄을 믿노니 이는 그리스도께서 죽은 자 가운데서 살아나셨으매 다시 죽지 아니하시고 사망이 다시 그를 주장하지 못할 줄을 앎이로라 그가 죽으심은 죄에 대하여 단번에 죽으심이요 그가 살아 계심은 하나님께 대하여 살아 계심이니 이와 같이 너희도 너희 자신을 죄에 대하여는 죽은 자요 그리스도 예수 안에서 하나님께 대하여는 살아 있는 자로 여길지어다(롬 6:1-11).

로마서 3장 21절 이후로 바울은 모든 사람에게 값없이 주시는 하나님의 은혜에 대해 설명한다. 이것은 당시 궤변론자들에게 하나님의 은혜를 더하기 위해 죄를 지어도 된다는 잘못된 생각을 가져다 줄 수 있었다(롬 6:1). 그래서 바울은 6장 2절에서 그리스도인은 더 이상 죄 가운데 살 수 없다고 단언하여 이러한 궤변론자들의 공격을 사전에 차단하였다.

그리고 3절 이후부터는 그리스도인이 더 이상 죄 가운데 살 수 없는 이유를 설명한다. 바울은 그리스도인이란 예수의 죽으심과 같은 모양으로 연합한 자이며 예수의 부활하심에 연합한 자라고 말한다. 재미있는 사실은 5절에 나오는 '연합한'이란 단어의 시제가 완료 시제라는 것이다. 완료 시제는 지속성을 내포한다. 다시 말해 그리스도인은 항상 십자가에 매달려 있어야 하며, 항상 부활에 참여해야 한다는 의미이다.

이렇게 십자가와 부활에 참여한 그리스도인은 더 이상 죄의 영향을 받지 않는다(6-7절). 하나님을 향해 살아난 그리스도인은 하나님의 통치를 받게 되며 새사람을 입은 새로운 피조물로서의 삶을 살 수 있다(11절). 이 때문에 그리스도인의 중요한 특징을 거룩한 삶이라 할 수 있다.

이러한 진리는 우리에게 영적 전쟁의 중요한 원리를 보여 준다. 그리스도인이 하나님과 교제한다는 것(고전 1:9)은 그리스도의 십자가와 부활에 참여한다는 것을 말한다. 그리고 그 결과로 새로운 피조물로서 합당한 거룩한 삶을 살게 한다. 그리스도인의 거룩한 삶은 마귀를 무력화 시킨다. 마귀의 일 중 하나는 죄의 유혹을 통하여 하나님 백성의 거룩함을 무너뜨리는 것이기 때문이다.

마귀는 다양한 형태의 쾌락으로 인간을 유혹한다. 이러한 쾌락은 인간의 연약함과 결부되어 파괴적인 중독 현상을 유발한다. 게임 중독, 알코올 중독, 도박 중독, 성 중독 등 다양한 형태의 중독은 인간의 삶 전체를 파괴한다.

또한 마귀는 인간관계를 어긋나게 만든다. 끝없는 욕심으로 물질의 노예가 되게 한다. 소망을 가지고 살기보다는 부정적인 생각과 관점으로 세상을 살게 한다.

불행히도 그리스도인조차 마귀의 유혹에 넘어가 죄 가운데 넘어진다. 교회는 나가지만 세상 사람과 동일한 목표와 생각, 행동 패턴을 가진다. 나는 이런 사람들을 가리켜 '기독교 무신론자'라고 부른다. 사도 요한은 이러한 자들을 '마귀에게 속한 자'라고 말한다.

죄를 짓는 자는 마귀에게 속하나니 마귀는 처음부터 범죄함이라(요일 3:8)

하지만 하나님과 연합한 거룩한 삶을 사는 그리스도인은 이러한 마귀의 유혹에 넘어지지 않는다. 마귀에게 틈을 주지 않는다. 마귀의 모든 목표를 사전에 차단할 뿐 아니라 무력화 시킨다. 그리스도인의 영적 전쟁의 중요한 방법은 그리스도와 연합함으로 십자가와 부활에 참여하는 삶이다.

그리스도의 승리에의 참여

십자가는 하나님의 지혜이다. 예수 그리스도의 십자가 사건에는 죄와 사망을 정복하시고 승리하신 하나님의 지혜가 드러난다.

> 오직 부르심을 받은 자들에게는 유대인이나 헬라인이나 그리스도는 하나님의 능력이요 하나님의 지혜니라(고전 1:24)

하나님은 인간이 타락한 직후에 놀라운 구원의 계획에 대해 말씀하신다.

> 내가 너로 여자와 원수가 되게 하고 네 후손도 여자의 후손과 원수가 되게 하리니 여자의 후손은 네 머리를 상하게 할 것이요 너는 그의 발꿈치를 상하게 할 것이니라 하시고(창 3:15)

재미있는 사실은 하나님은 이러한 구원 계획을 인간이 아닌 마귀에게 말씀하셨다는 것이다.

> 여호와 하나님이 뱀에게 이르시되(창 3:14)

마귀는 여자의 후손, 곧 그리스도가 오면 자신의 머리가 깨어진다는 사실을 알고 있었다. 따라서 그리스도가 이 땅에 오셨을 때 마귀는 자신의 머리가 깨어지기 전에 여자의 후손을 죽여야 했다. 예수님이 탄생한 시점에 헤롯 대왕을 통해 두 살 미만의 아이를 학살하여 예수님을 죽이려 하지만 실패한다. 예수님의 공생애 초기에는 광야에서 세 가지 시험을 통해 그리스도를 넘어뜨리려 했지만 이마저 실패한다.

하지만 마귀는 결국 유대의 종교 지도자들과 로마의 정치적 힘을 이용하여 예수님을 십자가에 못 박아 죽인다. 마귀는 십자가 앞에서 자신의 승리를 예감하며 예수님을 조롱한다. "네가 만일 하나님의 아들이어든 자기를 구원하고 십자가에서 내려오라"(마 27:40)는 인간의 조롱은 광야에서 예수님을 시험한 마귀를 생각나게 한다. 마지막까지 마귀는 예수님을 조롱했다.

예수님이 죽었을 때 마귀는 자신이 승리했다고 생각했을 것이다. 자신의 머리통을 깨뜨리려는 하나님의 계획이 수포로 돌아갔다고 기뻐했을 것이다. 하지만 이러한 마귀의 생각은 착각이었다. 예수님은 자신의 죽음을 예표하시면서 당신이 십자가에 죽으면 세상 임금이 쫓겨나게 될 것이라고 말씀하셨다(요 12:31-32).

십자가에 달리신 예수님은 죽음에 머물러 있지 않으셨다. 죽음을 이기시고 부활하신 예수님은 마귀의 머리통을 깨뜨리셨다. 마귀의 계략이 철저히 무너진 것이다. 십자가는 하나님의 지혜가 있었던 승리의 장소이다. 십자가에서 예수님이 죄와 사망의 권세를 이기고 승리하신 것이다(골 2:14-15).

그리스도와 연합한 그리스도인은 이 승리에 참여한다. 승리하신 예수 그리스도와 승리를 공유한다. 그 결과 더 이상 마귀의 참소와 거짓말은 그리스도인의 삶과 정체성에 영향을 주지 못한다. 율법의 저주 또한 힘을 가지지 못한다.

승리하신 그리스도와 연합한 하나님 백성의 승리는 이미 구약에서부터 보장되어 왔다. 이스라엘의 역사 속에서 그들의 전쟁은 늘 승산 없는 전쟁이었다. 처음부터 하나님은 강한 민족을 택하지 않으시고 이스라엘 민족을 택하셨기 때문이다.

> 여호와께서 너희를 기뻐하시고 너희를 택하심은 너희가 다른 민족보다 수효가 많기 때문이 아니니라 너희는 오히려 모든 민족 중에 가장 적으니라(신 7:7)

하지만 불가능한 전쟁에서 승리하는 이스라엘의 모습을 우리는 성경 여기저기에서 볼 수 있다. 이스라엘의 전쟁은 하나님이 그들을 위해서 싸우시는 전쟁이기 때문이다. 이것은 야곱 때 하나님의 약속으로 이미 결정된 사실이다. 야곱은 이십 년간의 밧단아람 생활을 정리하고 외삼촌 라반의 집을 떠나 가족과 함께 고향으로 돌아간다. 돌아가는 길에 그의 형 에서가 사백 명을 거느리고 야곱을 만나러 온다는 소식을 듣게 된다. 심히 두려워하던 야곱은 얍복 나루에서 하나님을 만나 그분과 날이 새도록 씨름한다. 그곳에서 하나님은 야곱의 이름을 바꾸어 주신다.

> 그가 이르되 네 이름을 다시는 야곱이라 부를 것이 아니요 이스라엘이라 부를 것이니 이는 네가 하나님과 및 사람들과 겨루어 이겼음이니라(창 32:28)

야곱 곧 '발꿈치를 잡은 자', '속이는 자'가 '이스라엘'이 된다. '이스라엘'은 '하나님이 싸우신다'는 의미이다. 그리고 '하나님이 싸우신다'는 것에서 두 가지의 싸움을 볼 수 있다.

첫째, 이스라엘과 싸우신다. 언약의 사람이 하나님을 떠나려 할 때 하나님은 그와 맞서 싸우신다. 둘째, 이스라엘을 위해 싸우신다. 언약 백성을 그의 대적으로부터 보호하신다.

이스라엘은 야곱의 씨에서 나올 민족의 이름이다. 결국 야곱의 하나님은 이스라엘의 하나님이시다. 하나님은 야곱의 인생에서 그와 맞서 싸우시고 그를 위해 싸우시며 이스라엘 백성에게도 동일하게 역사하신다. 하나님은 그들을 위해 싸우신다. 이것이 야곱을 향한 축복이고, 이스라엘 백성들을 향한 은혜이다.

하나님이 야곱의 환도뼈를 치신 이유는 그가 다리를 절면서 브니엘의 만남을 상기하길 원하셨기 때문이다. 하나님은 나와 맞서 싸우시는 분이며 나를 위해 싸우시는 분이라는 것을 말이다. 그리스도인이 영적 전쟁의 현장에서 자신의 연약함을 볼 때마다 기억해야 할 것도 이것이다.

영적 전쟁은 여호와의 전쟁이다. 하나님이 그의 백성을 위해 싸우시기 때문이다. 이러한 전쟁에서 하나님의 백성에게 요구되는 것은 한 가지다. 믿음으로 그분과 연합하는 것이다. 역대하 20장에 나타난 여호사밧의 전쟁이 이 사실을 보여 준다. 모압과 암몬, 마온 자손들의 연합군이 유다와 싸우려고 엔게디에 진쳤을 때 큰 두려움에 빠진 여호사밧과 온 유다는 왕과 백성 모두가 하나님의 얼굴을 구하며 금식한다. 이때 여호와의 영이 레위 사람 야하시엘에게 임한다.

> 야하시엘이 이르되 온 유다와 예루살렘 주민과 여호사밧 왕이여 들을지어다 여호와께서 이같이 너희에게 말씀하시기를 너희는 이 큰 무리로 말미암아 두려워하거나 놀라지 말라 이 전쟁은 너희에게 속한 것이 아니요 하나님께 속한 것이니라 내일 너희는 그들에게로 내려가라 그들이 시스 고개로 올라올 때에 너희가 골짜기 어귀 여루엘 들 앞에서 그들을 만나려니와 이 전쟁에는 너희가 싸울 것이 없나니 대열을 이루고 서서 너희와 함께한 여호와가 구원하는 것을 보라 유다와 예루살렘아 너희는 두려워하지 말며 놀라지 말고 내일 그들을 맞서 나가라 여호와가 너희와 함께하리라 하셨느니라 하매(대하 20:15-17)

유다 백성들은 두려워할 필요가 없었다. 왜냐하면 첫째, 이 전쟁은 하나님께 속하였기 때문이고 둘째, 이 전쟁은 여호와가 그들의 흑기사가 되어 대신 싸워 주실 것이기 때문이다. 야하시엘의 예언은 여호사밧과 온 유다 백성에게 큰 힘이 된다. 다음 날 아침 일찍 전장에서 여호사밧이 해야 할 일은 백성들이 여호와를 신뢰하게 독려하는 것 뿐이었다.

이에 백성들이 아침에 일찍이 일어나서 드고아 들로 나가니라 나갈 때에 여호사밧이 서서 이르되 유다와 예루살렘 주민들아 내 말을 들을지어다 너희는 너희 하나님 여호와를 신뢰하라 그리하면 견고히 서리라 그의 선지자들을 신뢰하라 그리하면 형통하리라 하고(대하 20:20)

전쟁은 당연히 유다의 승리로 끝이 난다. 모든 이방 나라들은 유다에게 승리를 주신 여호와를 두려워하게 되고, 여호사밧의 나라는 태평을 누린다(대하 20:29-30).

골로새서 말씀도 이러한 진리를 설명한다. 골로새서가 기록된 중요한 목적 가운데 하나는 골로새 지역의 이단 사상에 대한 경계이다. 골로새교회의 이단적 사상은 초기 영지주의 사상과 유대교의 혼합적인 형태로 이해할 수 있다. 바울은 거짓 교사들이 가르치는 이단적 사상을 따르는 것은 세상의 초등 학문을 따르는 것이지 그리스도를 따르는 것이 아니라고 말한다.

누가 철학과 헛된 속임수로 너희를 사로잡을까 주의하라 이것은 사람의 전통과 세상의 초등 학문을 따름이요 그리스도를 따름이 아니니라(골 2:8)

여기서 '세상의 초등 학문(στοιχεῖον)'이란 '세상의 구성 요소', '세상의 원초적인 신들'을 말한다. 골로새 이단들은 하나님의 신성의 충만함이 영적 세계의 가장 높은 곳에서 물질 세계인 땅까지 흘러 내려온다고 믿었다. 그리고 하늘의 하나님과 땅의 인간 사이에는 하나님의 신성의 충만함을 유출 받은 다양한 원초적인 신들이 있어서 그들이 인간의 생사화복(生死禍福)과 운명을 주관한다고 생각했다. 이것 때문에 골로새교회의 거짓 교사들은 다양한 세상의 원초적인 신들의 기분을 좋게 해야 사람들의 인생에 복이 있을 것이라고 가르쳤다. 골로새서에서는 이러한 원초적인 신들을 왕권들, 주권들, 통치자들과 권세로 표현한다(골 1:16).

이러한 세상의 초등 학문에는 천사들도 있었다. 골로새교회의 거짓 교사들은 천사들이 하나님과 인간 사이에서 창조와 율법 수여의 가교 역할을 하고 있으며 그렇기 때문에 권위 있는 존재라고 가르쳤다. 심지어 인간의 기도와 예배도 천사들의 중보와 허락을 통해서만 하나님께 올라가기 때문에 인간은 천사를 섬기며 순종할 뿐 아니라 금욕을 통해 천사를 달래야 한다고 주장했다(골 2:18).

골로새 이단들은 복음에 나타난 예수님도 세상의 원초적인 신들 중 하나로 이해했다. 십자가에서 당한 예수님의 고난은 예수님이 다른 원초적 신들보다 힘이 약하다는 증거라고 했다. 골로새교회의 성도들은 이러한 잘못된 이단의 가르침으로 인해 두려움에 빠져 세상의 초등 학문을 섬겼다. 그 결과, 운명론적 사고와 금욕주의, 신비주의가 그들의 삶을 지배하기 시작했다.

바울은 이러한 골로새교회를 진리로 경계했다. 하나님의 신성은 다른 어떤 세상의 원초적인 신들에게 흘러간 것이 아니다. 오직 성육신하신 예수님 한 분에게만 모든 신성의 충만함이 있다(골 1:19, 2:9). 이 예수님이 천사들과 통치자들의 권세들을 포함하여 모든 만물을 창조하셨으며(골 1:16) 통치자들과 권세들이 그리스도를 이긴 것이 아니라, 그리스도가 십자가에서 죽으심으로 오히려 통치자들과 권세에 대하여 승리하셨다고 바울은 가르치고 있다.

> 우리를 거스르고 불리하게 하는 법조문으로 쓴 증서를 지우시고 제하여 버리사 십자가에 못 박으시고 통치자들과 권세들을 무력화하여 드러내어 구경거리로 삼으시고 십자가로 그들을 이기셨느니라(골 2:14-15)

그렇기 때문에 그리스도와 연합한 성도들은 그리스도가 정복한 세상의 초등 학문-원초적인 신-을 더 이상 두려워하거나 섬길 필요가 없다. 그리스도와 연합하여 그리스도에 참여한 그리스도인은 그리스도의 승리에도 참여한 것이다. 그리스도인은 그리스도께서 십자가에서 성취하신 승리를 누릴 수 있다. 그리스도와의 연합 자체가 영적 전쟁의 승리 보증수표이다.

> 우리 주 예수 그리스도로 말미암아 우리에게 승리를 주시는 하나님께 감사하노니(고전 15:57)

세례와 시험

마태복음 3장 13절에서 4장 11절까지에는 두 이야기가 나온다. 하나는 예수 그리스도가 세례를 받으시는 것이고, 다른 하나는 그가 광야에서 마귀에게 시험 받으시는 장면이다. 예수님에게 일어난 이 일의 순서는 구약의 이스라엘 백성에게서도 동일하게 찾아볼 수 있다. 이스라엘 백성도 세례 후 바로 시험의 시간으로 들어간다. 이스라엘이 홍해를 건넌 사건이 세례 사건이고(고전 10:1-2), 광야 기간이 바로 시험의 시간이다(신 8:2).

세례를 받고 광야로 들어간 이스라엘 백성은 광야에서 철저히 실패한다. 그들은 물과 양식 때문에 불평한다. 모세가 시내 산에 올라가서 오랫동안 내려오지 않자 황금 송아지를 만들어 우상을 숭배한다. 가데스 바네아에서는 그들이 보낸 정탐꾼의 보고를 듣고 하나님을 원망한다. 싯딤에서는 모압 여인들과 음행에 빠진다.

하지만 세례를 받으신 후 광야에서 시험 받으신 예수 그리스도는 실패하지 않으셨다. 구원자로 오신 그리스도를 음식에 매인 연약한 자로 전락시키려는 유혹을 이기셨다(마 4:3-4). 구원자로 오신 그리스도를 단순한 능력자로 전락시키려는 유혹도 이기셨다(마 4:5-7). 구원자의 부르심을 잃어버려 세상의 인정과 물질에 매인 평범한 사람으로 살게 하려는 유혹도 이기셨다(마 4:8-10). 이스라엘은 철저히 실패했지만 그리스도는 완벽하게 승리하셨다.

치열한 영적 전쟁 속에 사는 그리스도인은 근본적으로 연약한 존재이다. 쉽게 실패하여 좌절과 낙망 속에 빠진다. 실패의 가장 큰 이유는 자신의 힘을 의지하는 것이다. 인간 스스로의 힘으로는 마귀를 이길 수 없다. 인간은 본질적으로 연약한 죄인이기 때문이다. 연약한 인간은 그리스도와 연합할 때에 승리할 수 있다. 하나님과 연합한 삶이 영적 전쟁이다.

3

하나님을 향한
믿음의 삶이
영적 전쟁이다

연약한 믿음은 인간이 하나님을 떠나 죄의 길을 걷게 한다. 우리가 굳건한 신뢰와 믿음을 가지는 것은 거짓말로 우리를 속이는 악한 세력을 향한 강력한 영적 전쟁이 된다. 믿음으로 사는 것이 승리의 삶을 사는 비결이다.

믿음의
걸림돌

주일 오후 강의를 위해 울산으로 가던 중 기차역 플랫폼에서 반가운 한 분을 만났다. 수년 전 예수전도단의 제자훈련을 수료한 장로님이셨다. 그분은 사업장이 있는 울산으로 가기 위해 열차를 기다리던 중이었다. 울산까지 가는 기차 안에서 장로님은 눈물을 보이시며 지난 이 년간 있었던 자신의 삶의 어두운 부분을 나누어 주셨다.

장로님이 섬기는 작은 교회에는 세 명의 장로가 있었다. 어느 날 교회 재정 사용에 관하여 담임 목사와 선임 장로 간의 충돌이 일어났다. 사건의 전후 사정을 정확히 아는 장로님은 담임 목사의 의로움을 지지했다. 하지만 오랜 전통을 가진 이 교회에 많은 가족들과 함께 다녔던 선임 장로는 또 다른 장로와 세를 규합하여 결국 담임 목사를 내보내기로 결정했다. 담임 목사를 보호하며 마지막까지 도우려 했던 장로님은 아직 젊은 담임 목사가 다른 곳에서라도 사역할 수 있게 도와야 한다고 당회에 제안했다. 하지만 이 제안은 무참히 거절당하고 담임 목사는 쫓겨나듯 교회를 떠나게 되었다.

이날 이후 장로님의 내면 안에는 마귀의 심각한 영적 공격이 시작되었다고 했다. 담임 목사가 떠난 후 첫 주일 예배, 본당 문을 열고 예배당에 들어서자마자 장로님의 마음속에는 이런 속삭임이 들리기 시작했다. '넌 장로도 아니야! 넌 담임 목사를 매정하게 내쫓은 사람이야! 너 같은 사람이 장로를 한다고? 웃기지 마!'

이러한 속삭임은 일상생활에서도 장로님을 끈질기게 괴롭혔다. 잠자리에 들 때도, 사업장에 있을 때도, 중요한 만남의 때에도 계속되었다. 장로님은 깊은 정죄감 가운데 빠졌다. 자신을 쓸모없는 장로라며 스스로 자책했다. 괴로움이 심해지면서 자신의 제안을 거절한 다른 두 명의 장로들이 미워졌다. 결국 장로님은 깊은 영적 침체에 빠지게 되어 지난 이 년간 교회에 출석하지 않고 방황했다는 이야기였다.

마귀의 전략-거짓말

지피지기 백전불태(知彼知己 百戰不殆)란 말이 있다. '적을 알고 나를 알고 싸우면 백 번을 싸워도 위태하지 않다'라는 말이다. 영적 전쟁에서 승리하는 방법도 마찬가지이다. 마귀의 전략을 이해하면 전쟁에서 승리하는 방법을 알 수 있다.

마귀의 전략은 한마디로 '거짓말'이다. 수없이 많은 마귀의 추악한 일들은 모두 거짓말이라는 한 단어에 포함된다. 마귀의 전략이 거짓말일 수밖에 없는 이유는 그가 거짓말쟁이고 거짓의 아비이기 때문이다.

> 너희는 너희 아비 마귀에게서 났으니 너희 아비의 욕심대로 너희도 행하고자 하느니라 그는 처음부터 살인한 자요 진리가 그 속에 없으므로 진리에 서지 못하고 거짓을 말할 때마다 제 것으로 말하나니 이는 그가 거짓말쟁이요 거짓의 아비가 되었음이라(요 8:44)

마귀가 거짓말쟁이요, 거짓의 아비라는 사실은 창세기 3장이 명확하게 보여 준다. 1절부터 6절의 말씀은 인간이 하나님을 떠나 타락하는 장면인데, 여기서 우리는 마귀의 전략을 찾아볼 수 있다.

그런데 뱀은 여호와 하나님이 지으신 들짐승 중에 가장 간교하니라 뱀이 여자에게 물어 이르되 하나님이 참으로 너희에게 동산 모든 나무의 열매를 먹지 말라 하시더냐 여자가 뱀에게 말하되 동산 나무의 열매를 우리가 먹을 수 있으나 동산 중앙에 있는 나무의 열매는 하나님의 말씀에 너희는 먹지도 말고 만지지도 말라 너희가 죽을까 하노라 하셨느니라 뱀이 여자에게 이르되 너희가 결코 죽지 아니하리라 너희가 그것을 먹는 날에는 너희 눈이 밝아져 하나님과 같이 되어 선악을 알 줄 하나님이 아심이니라 여자가 그 나무를 본즉 먹음직도 하고 보암직도 하고 지혜롭게 할 만큼 탐스럽기도 한 나무인지라 여자가 그 열매를 따먹고 자기와 함께 있는 남편에게도 주매 그도 먹은지라(창 3:1-6)

이 말씀을 이해하기 위해서는 창세기 2장 16-17절을 먼저 알아야 한다.

여호와 하나님이 그 사람에게 명하여 이르시되 동산 각종 나무의 열매는 네가 임의로 먹되 선악을 알게 하는 나무의 열매는 먹지 말라 네가 먹는 날에는 반드시 죽으리라 하시니라(창 2:16-17)

이 말씀에서 주목할 것은 두 가지이다. 하나는, 하나님은 아담에게 선악과를 제외한 동산 모든 나무의 열매를 먹을 수 있다고 말씀하셨다는 것이다. 그리고 다른 하나는 선악을 알게 하는 나무의 열매를 먹으면 반드시 죽는다고 말씀하셨다는 것이다.

이 두 가지를 기억하고 다시 창세기 3장으로 돌아가 보자. 뱀이 여자에게 질문한다. "하나님이 참으로 너희에게 동산 모든 나무의 열매를 먹지 말라 하시더냐?"(1절) 이 질문에서 우리는 마귀의 거짓말을 발견할 수 있다. 하나님은 "동산 각종 나무의 열매는 네가 임의로 먹되"(창 2:16)라고 말씀하셨는데, 뱀은 오히려 "동산 모든 나무의 열매를 먹지 말라 하시더냐?"라고 묻는다. 이에 대한 대답이 2절과 3절에 나온다. 여기서 우리는 3절에 주목해 볼 필요가 있다.

> 동산 중앙에 있는 나무의 열매는 하나님의 말씀에 너희는 먹지도 말고 만지지도 말라 너희가 죽을까 하노라 하셨느니라(창 3:3)

이 대답에는 두 가지 문제가 있다. 그 하나는 하나님은 인간에게 '만지지 말라'는 명령은 하지 않으셨다는 것이다. 그리고 두 번째는 하와가 말한 '죽을까 하노라 하셨느니라'란 문구이다. 이 말을 현대의 말로 바꾸어 보면 '죽는다고 그랬던 것 같다'는 것이다. 하와는 하나님의 절대적 명령을 약화시켜 버렸다.

사실 하와가 마귀에게 했던 대답에서 찾을 수 있는 그 심각성은 그녀가 하나님의 말씀을 정확하게 알지 못하고 있다는 것이다. 하나님의 말씀을 정확히 알지 못할 때 반드시 문제가 발생한다. 대강 아는 것만큼 위험한 것이 없다. 성경은 더더욱 그렇다. 성경은 다독도 중요하지만 더 중요한 것은 정독이고, 나아가 공부하며 읽는 것이 가장 중요하나.

하나님의 말씀에 무지한 여인의 대답에 뱀이 다시 말한다.

"너희가 결코 죽지 아니하리라"(4절).

마귀는 계속 거짓말을 하고 있다. 하나님은 "반드시 죽으리라"(창 2:17)라고 말씀하셨는데, 뱀은 '절대 죽지 않는다'라고 말하고 있다. 마귀의 거짓말은 한 걸음 더 나아간다.

"너희가 그것을 먹는 날에는 너희 눈이 밝아져 하나님과 같이 되어"(5절).

피조물인 인간에게 하나님이 될 수 있다고 거짓말하고 있다. 이 거짓말은 인간에게 잘못된 관점과 신념을 만들어 준다. 하나님의 명령과 상관없이 선과 악을 알게 하는 나무의 열매가 먹음직하고, 보암직하고 지혜롭게 할 만큼 탐스럽게 보이기 시작한 것이다(6절). 결국 인간은 넘지 말아야 할 선을 넘고 만다.

이러한 인간의 타락 과정은 마귀의 전략을 분명히 보여 준다. 마귀의 전략은 거짓말이다. 이것은 마귀의 본질적인 특성으로부터 나오는 유일한 전략이다. 그리스도인들은 삶을 살아가며 다양한 영역에서 마귀의 거짓말에 직면한다. 그렇다면 마귀가 거짓말하는 영역에는 어떤 것이 있을까?

첫째, 마귀는 성경, 곧 하나님의 진리에 대해 거짓말한다.

마귀가 하나님의 진리를 왜곡함으로써 기대하는 것이 있다. 인간이 스스로 자기 소견에 옳은 대로 판단하며 행동하게 하는 것이다. 선악과를 먹어 범죄한 후 인간은 선과 악을 알게 되었다. 이것은 분명한 사실이다.

> 여호와 하나님이 이르시되 보라 이 사람이 선악을 아는 일에 우리 중 하나같이 되었으니(창 3:22)

하지만 하나님께 불순종하여 알게 된 선과 악이기 때문에 인간이 알게 된 선과 악은 불완전하다. 절대적이지 못한 불완전한 인간의 선악 기준은 양극단의 자유방임주의나 율법주의를 만들어낸다. 마귀는 이러한 본성적인 인간의 연약함 안으로 파고든다. "사랑한다면 결혼하기 전에 성관계를 가지는 것은 문제가 되지 않아!" "하나님의 영광을 위해서 성공해야 해. 성공한 이후에 하나님을 섬기는 것이 더 멋지지 않니?" "이혼은 더 좋은 미래를 위한 선택일 뿐이야. 네가 행복할 수 있다면 가정은 이차적인 문제일 뿐이야." "내가 헌금과 봉사로 섬기기 때문에 하나님은 반드시 내게 복을 주실 거야."

둘째, 마귀는 하나님의 성품에 대해 거짓말한다.

한 교회에서 강의를 마친 후 한 자매님이 내게 질문했다. "목사님! 정말 저의 죄 때문에 제 아들이 죽은 것입니까?" 질문한 자매님은 몇 년 전 불의의 교통사고로 갑작스럽게 아들을 잃었다. 장례식장에서 아들의 영정 앞에 앉아 슬픔에 잠겨 있을 때 교회에서 한 권사님이 조문을 오셨다. 이 분은 교회에서 기도를 많이 하기로 유명한 권사님이셨다. 조문을 마친 권사님은 자매님의 손을 잡고 다음과 같이 말씀하셨다. "권사님의 아들이 죽은 것은 권사님 죄 때문이에요. 권사님이 빨리 회개하지 않으면 하나님이 또 다른 벌을 줄 겁니다."

그날 이후 자매님은 아들의 죽음이 자신의 죄와 관련 있다는 말 때문에 깊은 정죄감에 빠졌다. 하나님이 무섭고 원망스러웠다. 이해되지도 않았다. 신앙생활은 형식화되었다.

그리스도인이 하나님과 깊은 관계를 누리지 못하는 가장 중요한 이유는 하나님의 성품에 대한 오해 때문이다. 그렇기에 마귀의 입장에서 하나님의 성품을 왜곡하는 것은 상당히 중요하다. 마귀는 부모, 혹은 교사나 직장 상사 등 육신의 권위자에 대한 부정적인 경험, 세속적인 관점에 따른 잘못된 조언들로 하나님의 성품을 오해하게 한다. 무엇보다도 마귀는 하나님의 선하심, 곧 공의와 사랑의 양면성을 이해하지 못하도록 거짓말한다. 하나님이 무서워지고, 이해되지 않게 한다. 그 결과 늘 그 자리에 계신 하나님에게서 인간 스스로 멀어진다.

셋째, 마귀는 하나님의 섭리에 대해 거짓말한다.

나에게는 사랑스런 두 명의 딸이 있다. 큰딸 하늘이가 태어날 때 일이다. 하늘이란 이름은 '하나님이 늘 함께하신다'는 임마누엘의 의미이다. 분만실에서 아이가 태어났을 때, 간호사가 아이를 안고 나에게로 왔다. 그때 나는 아빠로서 아이에게 말했다. "사랑하는 하늘아, 환영한다. 아빠가 너 오래 기다렸다. 축복해!" 그런데 사실 내 속마음은 겉과는 다르게 아이에게 다음과 같이 말하고 있었다. "하늘아, 환영한다. 그런데 하늘아, 안 태어나는 것이 너에게는 더 좋았을 텐데! 아빠가 세상 살아 보니 참 힘들더구나. 힘든 세상 안 태어나는 것이 좋았을 텐데!"

다음 날 아침 나는 여느 때와 같이 말씀을 묵상하고 있었다. 묵상 중에 하나님이 나에게 물으셨다. "민호야, 너는 너를 향한 나의 계획을 믿니?" 나는 대답했다. "당연하죠! 하나님은 제 인생에 실수가 없으신 분이세요." 그때 주님이 말씀하셨다. "그런데 왜 넌 하늘이를 향한 나의 계획을 믿지 못하니?" 이 음성을 듣고 나는 그 자리에 무릎 꿇고 전날 나의 모습에 대해 회개할 수밖에 없었다.

하나님의 섭리에 대한 거짓말은 그리스도인의 삶과 깊은 연관이 있다. 마귀는 끊임없이 우리의 시선을 현실에 고정시켜 마치 하나님이 실수하고 계신 것처럼, 때로는 하나님이 우리 삶에 관심이 없으신 것처럼 속인다. 하나님의 섭리를 이해하지 못한 그리스도인은 조그마한 어려움에도 쉽게 낙심한다. 소망을 잃어버린 부정적인 사람이 되기 때문이다.

넷째, 마귀는 하나님의 능력에 대해 거짓말한다.

목사 안수를 준비할 때의 일이다. 안수를 받기 위해서는 약간의 재정이 필요했는데, 그것은 무보수 선교단체에서 일하는 나로서는 짧은 시간에 감당하기에 많은 액수였다. 안수식이 하루하루 가까워지는데 필요한 재정은 채워지지 않았다. 그러자 내 마음속에 조금씩 짜증이 일어나기 시작했다. 하나님을 섬기기 위해 목사 안수 받는데도 돈이 든다는 현실에 대한 짜증이기도 했지만, '안 채워지면 어쩌지?'라는 걱정 때문에 생긴 짜증이기도 했다. 한 번 짜증나니 계속 불만이 생겼다. 무보수로 섬겨야 하는 예수전도단에서 계속 사역해야 하는가에 대한 고민도 생겼다. 마귀는 재정의 문제 앞에서 내 마음을 흔들어 놓을 뿐 아니라, 나의 부르심의 문제까지도 의심하게 만들었다.

안수식을 나흘 앞둔 날이었다. 아침 묵상 중에 하나님은 요한복음 1장 14절 말씀으로 나에게 깊은 깨달음을 주셨다. 이 말씀은 성육신하신 예수님 안에 은혜와 진리가 충만하다는 말씀이다. 말씀을 묵상하던 중에 '충만'이란 단어가 내 마음에 들어왔다. '충만'이란 '흘러넘친다'는 의미이다. 순간 하나님이 말씀하셨다. "민호야,

나는 네 삶의 모든 필요를 흘러넘치도록 채우는 하나님이란다."

하나님은 당신이 모든 만물의 창조주이시며, 그의 백성들이 먼저 그의 나라와 그의 의를 구할 때 모든 것을 채워 주시는 공급자란 사실을 다시금 깨닫게 해 주셨다. 놀라운 사실은 이러한 감동이 있은 후 내 마음은 다시 평강이 넘치기 시작했다는 것이다. 필요를 채워 주실 하나님에게 감사하기 시작했다. 목사 안수식이 마칠 때까지 하나님이 내게 채워 주신 재정은 내 필요의 세 배였다. 흘러넘치도록 채워 주신 것이다.

누군가가 말했듯이 인생은 끊임없는 터널을 통과하는 여행 같다. 삶을 살다 보면 인간적인 한계에 부딪히는 순간이 많다. 그리스도인도 마찬가지다. 이때마다 우리는 하나님의 능력을 의지하라고 배웠지만 이것이 쉽지는 않다. 오히려 주변에서 눈에 보이는 해결사를 찾는 것이 훨씬 마음 편하다. 마귀는 우리에게 하나님을 의지하는 것보다 눈에 보이는 사람을 의지하는 것이 더 안전하다고 속인다. 하나님의 능력을 보지 못하게 속이고 거짓말하는 것이다.

거짓말의 목적

거짓말 하는 마귀의 목적이 무엇인가? 그리스도인으로 하여금 하나님을 향한 믿음을 잃어버리고, 죄를 지어 파멸의 길로 가게 만드는 것이다. 마귀의 거짓말에 속은 아담과 하와는 선악과를 따먹는다(창 3:6). 이들은 그들이 섬기던 하나님처럼 되고 싶었던 것이다(창 3:5). 선악과를 먹으면 하나님이 될 수 있다고 생각했다. 이것은 하나님의 권위에 대한 전면적인 도전이다. 반역의 결과로 이들은 에덴에서 쫓겨난다(창 3:22-24). 인간이 하나님 안에서 안식과 생명을 잃어버리고 죄와 파멸의 길을 걷게 된 것이다.

이것이 거짓말을 통해 얻고자 하는 악한 세력의 목적이다. 그들은 하나님의 진리와 성품, 섭리와 능력에 대해 거짓말한다. 거짓말에 속은 그리스도인들은 하나님을 오해하며 잘못된 생각과 행동을 한다. 하나님을 향한 믿음을 저버리고 죄의 길로 가게 되는 것이다.

민수기 13장에 나타난 가데스 바네아에서의 사건은 이러한 패턴을 보여 준다. 이스라엘 백성들은 각 지파에서 한 명씩 뽑아 총 열두 명의 정탐꾼들을 가나안 땅으로 보낸다. 그들은 사십 일간 가나안 땅과 그 땅의 사람들을 정탐하고 돌아와 이스라엘 백성들에게 보고하는데, 그 보고의 내용이 그다지 희망적이지 않았다. 그들이 본 땅은 "그 거주민을 삼키는 땅"이었다(민 13:32). "그 거주민을 삼키는 땅"이란 '해안 길'과 '왕의 대로' 사이에 '끼어 있는 땅(Between Land)'을 말한다. 출애굽 당시 '해안 길'과 '왕의 대로'는 근동 지역의 패권을 다투는 강대국(애굽, 메소포타미아 제국, 아나톨리아 제국)들의 주요 군사 이동 도로였다. 따라서 그 도로에 가까운 도시들은 강대

국들 사이에 전쟁이 있을 때마다 잦은 약탈로 어려움을 겪고 있었다.

또한 정탐꾼들이 본 땅에 사는 사람들은 신장이 장대한 '네피림의 후손인 아낙자손'들이었다. '네피림'은 홍수 이전에 명성이 있던 잔인한 거인족이다(창 6:4). 이들은 노아 때 있었던 홍수로 인해 모두 죽게 된다. 하지만 정탐꾼의 눈에는 아낙자손의 위용이 마치 네피림을 연상할 정도로 강해 보였기 때문에 정탐꾼들은 아낙자손을 네피림의 후손으로 표현한다. 정탐꾼들이 볼 때 이스라엘 백성들은 그들 앞에 메뚜기로 보일 정도로 아낙자손이 강해 보였던 것이다(민 13:32-33).

정탐꾼들의 보고는 거의 불신앙에 가까운 보고였다. 부정적인 말들이 더 강한 영향력을 가지듯이 정탐꾼들의 부정적 보고는 이스라엘 백성들에게 커다란 낙담을 가져다주었다. 사실 전쟁으로 인한 강대국의 약탈이 빈번한 지역으로 자신들의 부모와 처, 자식을 데리고 들어간다는 것은 정상적인 사람의 생각에는 비합리적이고 어리석은 일일 것이다.

또한 막상 그 땅에 들어간다 해도 처음부터 싸워야 할 자들이 객관적으로 자신들보다 강하다면 낙담하지 않는 것이 오히려 이상한 일이다. 정탐꾼의 보고를 받고 낙담한 이스라엘 백성들은 밤새도록 통곡하며 모세와 아론을 원망한다. 이러한 원망 속에 그들은 하지 말아야 할 부정적인 말을 했다.

"애굽에서 죽었거나 광야에서 죽는 것이 차라리 좋다."
"애굽으로 돌아가는 것이 더 낫다."

> 온 회중이 소리를 높여 부르짖으며 백성이 밤새도록 통곡하였더라 이스라엘 자손이 다 모세와 아론을 원망하며 온 회중이 그들에게 이르되 우리가 애굽 땅에서 죽었거나 이 광야에서 죽었으면 좋았을 것을 어찌하여 여호와가 우리를 그 땅으로 인도하여 칼에 쓰러지게 하려 하는가 우리 처자가 사로잡히리니 애굽으로 돌아가는 것이 낫지 아니하랴(민 14:1-3)

정탐꾼 중에 속해 있었던 여호수아와 갈렙의 믿음의 호소(민 14:6-10)도 이스라엘 백성들의 두려움과 원망을 막을 수 없었다. 마침내 통곡과 원망 중에 있는 이스라엘 백성들에게 하나님이 나타나신다. 그리고 모세를 통하여 그들을 책망하신다.

> 여호와께서 모세에게 이르시되 이 백성이 어느 때까지 나를 멸시하겠느냐 내가 그들 중에 많은 이적을 행하였으나 어느 때까지 나를 믿지 않겠느냐(민 14:11)

하나님은 이스라엘 백성의 통곡과 원망을 하나님을 멸시하는 믿음 없음으로 규정하신다. 그리고 하나님은 원망하는 이스라엘 백성들을 징벌하신다. 그들이 말한 대로 여호수아와 갈렙을 제외하고 스무 살 이상의 모든 원망한 자들은 광야에서 죽어 약속의 땅으로 들어가지 못하게 된다.

> 나를 원망하는 이 악한 회중에게 내가 어느 때까지 참으랴 이스라엘 자손이 나를 향하여 원망하는 바 그 원망하는 말을 내가 들었노라 그들에게 이르기를 여호와의 말씀에 내 삶을 두고 맹세하노라 너희 말이 내 귀에 들린 대로 내가 너희에게 행하리니 너희 시체가 이 광야에 엎드러질 것이라 너희 중에서 이십 세 이상으로서 계수된 자 곧 나를 원망한 자 전부가 여분네의 아들 갈렙과 눈의 아들 여호수아 외에는 내가 맹세하여 너희에게 살게 하리라 한 땅에 결단코 들어가지 못하리라(민 14:27-30)

이스라엘 백성이 가나안을 정탐하고 돌아온 자들에게 보고를 받을 때 아마 그들은 자신들이 기대한 가나안 땅과 너무 달랐기 때문에 그 땅이 하나님이 주신 선물이라 믿기 힘들었을 수도 있다. 현실에 눈이 어두워진 이스라엘 백성들은 하나님의 능력과 섭리를 오해했다. 이러한 오해는 하나님을 멸시하게 하고, 하나님을 향한 믿음을 잃어버리게 한다. 그 결과 하나님을 원망한다. 그리고 하나님이 주시는 안식을 잃어버려 스스로 파멸의 길을 자초한다. 마귀의 목적이 이루어지는 것이다.

나에게도 이런 경험이 있다. 신병교육대에서 기초군사 훈련을 마치고 배치 받은 부대는 자주포를 운용하는 포병 부대였다. 자주포는 이십이 톤 정도의 군사 장비이다. 자칫 방심하면 안전사고로

이어지는 위험한 곳이 있기 때문에 군기를 잡기 위한 단체 기합의 빈도가 높았으며, 구타도 암묵적으로 허용되었다. 신병교육대 때부터 나의 가장 큰 기도제목은 군대 내에 구타가 사라지는 것이었다. 그런데 내가 배치 받은 부대가 하필 사단 내에서 구타 사고가 가장 많은 부대였다. 나는 그곳에서도 여전히 구타가 없어지길 위해 기도했다.

그런데 내가 상병이 되고 오 개월 지났을 때, 부대 내에 심각한 구타 사고가 발생했다. 병장들이 상병들의 군기가 약하다는 핑계로 집합을 시켰다. 여느 때와 다름없이 얼차려와 구타가 시작되었다. 포병은 특성상 곡괭이질을 많이 한다. 그리고 당시 곡괭이 자루는 포병의 중요한 구타 도구였다. 그날도 동일하게 곡괭이 자루로 맞았다. 그런데 구타 중 동료 한 명이 쇼크로 쓰러졌다. 그리고 결국에는 일어나지 못하고 죽었다.

그 이후 나는 마음이 힘들어지기 시작했다. '내가 이 부대에서 구타가 사라지길 얼마나 오랫동안 기도해 왔는데, 왜 내 눈 앞에서 이러한 일이 일어나는가?' 나는 하나님을 이해할 수 없었다. '하나님이 살아 계시다면 절대 이러한 일이 내 눈 앞에서 일어나면 안 되지'라고 생각했다. 그리고 하나님은 죽었다고 결론 내렸다.

하나님이 죽었다고 생각하자 나의 군 생활에는 심각한 문제가 발생하기 시작했다. 어느 순간부터 내가 후임병에게 욕설과 구타를 하고 있는 것이었다. 구타 사망 사고가 일어나기 전까지 나는 후임병들에게 따뜻하고 착한 선임병이란 평가를 들었는데, 사고 후 그들은 더 이상 나를 좋은 선임병으로 여기지 않았다.

그리스도가 죽자 나의 푯대도 사라졌다. 푯대가 사라지자 비전도 사라졌다. 더 이상 신학을 전공할 이유가 없다고 생각하면서 제대하면 학교를 그만두고 세상에서 취직하기 좋은 학과로 편입해야겠다고 생각했다.

그리고 술과 담배에 손을 대고 외출과 휴가 기간에는 세상에 속해 살아가기 시작했다. 물론 제대하기 며칠 전 극적으로 하나님의 은혜를 입어 회개하고 하나님께로 돌아왔지만, 나의 군 생활 중 상당한 시간은 하나님 없는 삶이었다. 하나님의 성품과 능력을 오해한 나는 하나님을 향한 믿음을 잃어버렸고 결국 스스로 파멸의 길을 선택해 내 귀중한 시간을 허비했던 것이다.

지금까지의 내용에서 우리는 영적 전쟁의 중요한 측면을 발견할 수 있다. 마귀의 전략은 거짓말이다. 하나님의 진리와 성품, 섭리와 능력에 대한 거짓말은 인간이 하나님을 오해하게 한다. 이러한 오해는 하나님을 향한 인간의 믿음을 약화시킨다.

연약한 믿음은 인간이 하나님을 떠나 죄의 길을 걷게 한다. 그렇기 때문에 우리에게 있는 하나님의 진리와 성품, 섭리와 능력에 대한 군건한 신뢰와 믿음은 거짓말로 우리를 속이는 악한 세력을 향한 강력한 영적 전쟁이 된다. 믿음으로 사는 것이 승리하는 삶을 사는 비결이다.

믿음이란 무엇인가

우리는 성경을 통해 믿음에 대하여 다양한 정의를 내릴 수 있다. 그중 가장 중요한 정의는 에베소서 4장 13절 말씀에 나타난다.

> 우리가 다 하나님의 아들을 믿는 것과 아는 일에 하나가 되어 온전한 사람을 이루어 그리스도의 장성한 분량이 충만한 데까지 이르리니 (엡 4:13)

이 말씀은 그리스도인의 삶의 목표를 말해 준다. 또한 동시에 그리스도인의 삶의 목표를 이루도록 돕는 믿음의 정의도 말한다.

먼저 그리스도인의 삶의 목표는 그리스도의 장성한 분량이 충만한 데까지 이르는 것이다. 모든 그리스도인은 작은 예수가 되어야 한다는 의미이다. 믿음과 성품, 삶의 태도와 방식에 있어서 그리스도인의 가장 중요한 모델은 예수님이시다.

내가 이십오 년 전 신학대학에 입학해서 처음 읽은 경건도서는 찰스 M. 쉘돈(Charles M. Sheldon)이 지은 소설 『예수라면 어떻게 하실까』였다. 사실 이 책의 내용도 명확하고 재미있었지만, 내게 더 커다란 감동은 책 제목 자체였다. 이 책의 제목은 나의 삶의 중요한 모토가 되었다. 여전히 실수하지만 나는 무엇인가를 결정하거나 선택할 때, 말하고 행동할 때 먼저 '예수라면 어떻게 하실까?'란 생각을 하려고 노력한다. 예수님이 나의 모델이시기 때문이다.

그러면 작은 예수가 되기 위해서 어떻게 해야 한다고 말하는가? "하나님의 아들을 믿는 것과 아는 일에 하나가 되어"야 한다는 것이다. "아는 것과 믿는 것에 하나가 되어"야 한다는 말씀은 아는 것이 믿는 것이고, 믿는 것이 아는 것이란 의미이다.

그래서 믿음이란 하나님을 아는 지식이다. 하나님의 진리와 성품, 섭리와 능력을 아는 지식이 믿음이 되어 그리스도인을 견고히 세워 주는 것이다. 하나님을 아는 지식인 믿음은 영적 전쟁의 중요한 방법이다. 그리스도인의 믿음은 악한 세력의 모든 불화살을 막아낸다.

> 모든 것 위에 믿음의 방패를 가지고 이로써 능히 악한 자의 모든 불화살을 소멸하고(엡 6:16)

마귀는 이 시간에도 여전히 하나님의 백성을 향해 집요하게 불화살을 쏘고 있다. 이러한 불화살의 촉에는 오해와 의심이 있다. 정죄감과 수치심이 있다. 불만족과 두려움이 있다. 불안과 부정적인 생각이 있으며, 이기적인 탐욕이 있다. 음란함이 있고 게으름이 있다.

마귀의 불화살의 종류를 책의 지면에 모두 나열하지 않는다 할지라도 우리는 이미 무엇인지 잘 알고 있다. 중요한 것은 이 모든 불화살의 이면에는 거짓말이 있다는 것이다. 이것이 하나님의 진리와 성품, 섭리와 능력을 왜곡한다.

마귀의 불화살은 인간 내면의 연약함, 혹은 부정적인 외부 상황과 결부될 때 더 무서운 힘을 발휘한다. 오랜 시간 부모님과 온전한 관계를 유지하지 못한 한 자매가 어린 시절 성추행을 당했다. 그때부터 그녀는 자기 자신이 더러운 여자라는 생각을 가지게 되었고, 학창 시절 내내 불량 학생들과 어울리기 시작했다. 그리고 결국에는 적절치 못한 이성 관계에까지 이르게 되었다. 마귀가 가져다 준 수치심은 그녀가 겪은 부정적 외부 환경과 결부되어 그녀를 파멸의 길로 몰아간 것이다.

마귀의 불화살은 목표한 인간이 넘어질 때까지 계속된다. 마귀는 인간을 넘어뜨리는 자신의 목적을 이루기 위해서라면 우리가 생각하는 것보다 훨씬 오래 참을 수 있는 존재이다. 그리스도인이 오랜 시간 믿음의 삶을 살아왔다 할지라도 넘어지는 것은 한순간이기 때문에 그는 기다리고 또 기다린다.

이런 마귀의 불화살을 막아내는 것이 믿음이다. 하나님을 아는 지식은 마귀의 모든 불화살을 막아낸다. 마귀가 정죄감을 줄 때 예수 안에 있는 자에게 자유를 주시는 하나님을 알기 때문에 정죄감에 빠지지 않는다. 하나님을 알기에 미래에 대한 불안함이나 현재의 부정적인 상황에 요동하지 않을 수 있다. 먼저 그의 나라와 그의 의를 구하는 자에게 모든 것을 채우는 분이 하나님이심을 알기 때문에 하나님 나라를 위해 재정과 열정과 시간을 투자하고 나눔의 삶을 실천할 수 있다.

믿음은 단순히 원수의 공격을 막아내는 무기의 수준에서 끝나지 않는다. 그리스도인의 믿음은 하나님의 보좌를 움직인다. 그리고 승리를 주시는 하나님의 역사를 보게 한다.

사사 시대, 왼손잡이 사사 에훗이 죽은 후 이스라엘 백성은 여호와 앞에 다시 죄를 짓는다. 이에 여호와는 하솔에서 다스리는 가나안 왕 야빈을 통해 이스라엘을 다스리게 하신다. 늘 그랬듯이 심한 학대 속에 이스라엘 자손은 하나님께 부르짖었고, 기도의 응답으로 하나님은 사사 드보라를 세우신다. 그리고 시스라를 군대 장관으로 하는 야빈의 군대와 바락을 앞세운 드보라의 군대는 기손 강에서 운명적인 결전을 맞이한다. 하솔 왕 야빈은 철 병거 구백 대를 보유할 정도의 막강한 군사력을 가졌다. 이스라엘이 블레셋에 의존해 사울 시대에 이르러 겨우 철제 무기 몇 자루를 가질 수 있었던 것(삼상 13:22)을 생각하면 무기로만 볼 때 하솔 왕은 대단한 힘을 가진 것이다.

인간적인 관점으로 이번 전쟁의 결과는 쉽게 예상된다. 하지만 우리가 잘 알듯이 이 전쟁은 이스라엘의 완승으로 끝난다. 하나님이 전쟁에 개입하셨기 때문이다.

드보라가 바락에게 이르되 일어나라 이는 여호와께서 시스라를 네 손에 넘겨주

신 날이라 여호와께서 너에 앞서 나가지 아니하시느냐 하는지라(삿 4:14)

이 전쟁을 좀 더 자세히 보면, 하나님이 얼마나 놀랍게 개입하셨는지를 알 수 있다. 전쟁이 벌어진 장소는 기손 강이다. 기손 강은 대표적인 '와디'이다. '와디'는 팔레스타인의 기후에 따라 건기(4-10월)에는 메마른 땅이었다가 우기(11-3월)에는 강이 되는 지역을 말한다.

시스라가 모든 병거 곧 철 병거 구백 대와 자기와 함께 있는 모든 백성을 하로셋학고임에서부터 기손 강으로 모은지라(삿 4:13)

시스라가 군대를 모은 곳이 바로 이 기손 강이었다. 이것은 전쟁의 시기가 건기였음을 보여 준다. 이러한 사실은 고대 근동의 전쟁 문화와 일치한다. 당시 근동 지방은 우기엔 전쟁 준비를 건기에는 전쟁을 했다. 또한 전쟁의 주 무기가 철 병거인 시스라가 강가로 군대를 모았다는 것으로도 전쟁 시기가 건기였음을 알 수 있다. 충적토인 기손 강은 비가 오면 병거의 바퀴가 움직이기 어렵기 때문이다. 하지만 여기에서 기적이 일어난다.

여호와여 주께서 세일에서부터 나오시고 에돔 들에서부터 진행하실 때에 땅이 진동하고 하늘이 물을 내리고 구름도 물을 내렸나이다(삿 5:4)

팔레스타인 지역은 건기에는 아라비아 사막에서 불어오는 건조한 남동풍이 불어 절대 비가 내리지 않는다. 그런데 남동쪽으로부터 오는(세일과 에돔은 가나안의 남동쪽) 하나님의 간섭이 건기인 가나안에 비를 내리셨다. 이 비는 기손 강에 모인 시스라의 군대를 무력하게 만들었다.

> 기손 강은 그 무리를 표류시켰으니 이 기손 강은 옛 강이라 내 영혼아 네가 힘 있는 자를 밟았도다(삿 5:21)

충적토인 기손 강은 비가 오면 진흙으로 변한다. 이 진흙에 시스라 군대의 철 병거가 빠지게 된 것이다. 이로 인해 평소 병거를 이용한 전쟁에 익숙한 시스라와 그의 군대는 큰 혼란에 빠지게 되고, 급기야 바락의 군대에 모두 진멸된다.

> 여호와께서 바락 앞에서 시스라와 그의 모든 병거와 그의 온 군대를 칼날로 혼란에 빠지게 하시매 시스라가 병거에서 내려 걸어서 도망한지라 바락이 그의 병거들과 군대를 추격하여 하로셋학고임에 이르니 시스라의 온 군대가 다 칼에 엎드러졌고 한 사람도 남은 자가 없었더라(삿 4:15-16)

하솔 왕 야빈에 대한 기적적인 이스라엘의 승리에는 우리가 주목해야 할 중요한 것이 있다. 하나님의 약속에 대한 드보라의 믿음이다. 모든 남자들이 두려워 떨고 있을 때(삿 5:6) 하나님의 약속을 받은 드보라는 그녀의 군대 장관 바락에게 명령한다.

> 내가 야빈의 군대 장관 시스라와 그의 병거들과 그의 무리를 기손 강으로 이끌어 네게 이르게 하고 그를 네 손에 넘겨주리라 하셨느니라(삿 4:7)

드보라에게는 승리를 약속하신 하나님의 말씀과 그가 하신 말씀을 반드시 이루시는 하나님의 신실함에 대한 확실한 믿음이 있었다.

광명한 천사로 위장한 마귀의 거짓말은 타락한 인간의 본성을 쉽게 자극한다. 그 결과 인간은 하나님을 오해할 뿐 아니라 그릇된 신념을 만들어 자기 소견에 옳은 대로 행동한다. 불행하게도 이러한 인간의 모습은 스스로를 파멸의 길로 몰아간다.

마귀의 이러한 전략과 목적은 우리가 마귀의 거짓말 앞에 믿음으로 설 때 철저히 방해받는다. 믿음은 하나님을 아는 지식이다. 믿음은 하나님의 진리와 성품, 섭리와 능력을 알기 때문에 우리가 세상과 타협하지 않게 도와준다. 마귀는 더 이상 우리에게 영향을 미칠 수 없고 우리를 무력화시키지 못한다. 그렇기에 하나님을 향한 믿음의 삶이 마귀를 이기는 영적 전쟁이다.

> 무릇 하나님께로부터 난 자마다 세상을 이기느니라 세상을 이기는 승리는 이것이니 우리의 믿음이니라(요일 5:4)

4

하나님의 영광을 위한 삶이 영적 전쟁이다

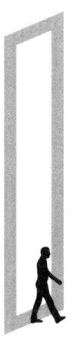

하나님이 마땅히 받으셔야 할 영광을 하나님이 받으시도록 하는 것이다. 영적 전쟁은 마귀가 잘못된 방향으로 흘러가게 만든 영광의 방향을 제대로 바꾸어 놓는 것이다.

◆
도전받는
그리스도인의 삶

함께하는 간사들과 사역을 마친 후 저녁 식사를 하기 위해 한 식당에 갔다. 평상시 자주 방문했기 때문에 식당 사장님은 우리가 기독교 선교단체 사역자인 것을 알고 계셨다. 식사를 마치고 나올 때 사장님은 우리를 식당 밖까지 배웅해 주셨다. 짧은 안부를 주고받던 중 나를 향해 그 사장님이 뜬금없이 이렇게 말씀하셨다. "목사님! 나는 교회 같은 곳은 절대 안 나갑니다. 교회에도 별거 없습니다."

갑작스런 말씀에 당황했지만 나는 웃으며 반응했다.

"무슨 일이 있으셨나요?"

그때부터 사장님은 자신이 교회에서 경험한 황당한 사건을 이야기해 주셨다.

사장님은 본래 종교에 관심이 많은 분이셨다. 힘든 일상 속에서 마음의 위로를 찾고 싶으셨던 그는 몇몇 종교기관에 방문하면서 자신의 종교를 찾으려 노력했고, 기독교에 큰 매력을 느껴 식당에서 가장 가까운 교회에 나갔다. 교회에 등록한 후 상당 시간이 지났을 때 사장님은 남전도회의 월례회 참석을 권유 받았다. 주일 오후 예배를 마치고 진행된 월례회 모임은 예배로 시작해서 식사까지 무난하게 마무리되었다. 하지만 이후에 일어난 사건들이 사장님의 마음을 어렵게 만들었다고 한다.

식사를 마치고 각자 집으로 돌아가려 할 때 남전도회 회장님이 한 가지 제안을 하셨다. 그냥 집으로 돌아가기 아쉬우니 함께 노래방을 가자는 제안이었다. 갑작스런 제안이었지만 회원들은 동의했고 모두가 노래방을 향했다. 노래방에 도착하자 두 분의 임원이 어디론가 전화를 하셨다. 그 모습을 본 사장님은 예상보다 늦어진 시간 때문에 각자 가정에 자신의 상황을 알리는 전화 정도로만 생각했다. 그런데 약 십여 분 후 회원들이 모여 있는 노래방으로 낯선 여자들이 들어왔다. 조금 전 임원들이 전화했던 곳은 노래방 도우미를 부르는 곳이었던 것이다. 사장님은 이해가 되지 않왔다. 교회의 직분자라면 조금 다른 삶을 살 것이라 믿었기 때문이다.

하지만 사장님에게 더 큰 충격을 주는 사건은 다음 주 주일 예배에 참석한 임원들의 모습이었다. 예배시간에 임원들은 모두 성가대석에 앉아서 두 손을 높이 들고 하나님을 찬양했다. 그 모습이 노래방에서의 모습과 겹쳐지며 그들이 가식적으로 보이기 시작했다. 사장님은 큰 혼돈에 빠졌다. 그리스도인의 삶과 신앙의 분리가 사장님의 마음을 어렵게 만든 것이다. 사장님은 며칠 동안 생각을 정리한 후 다음과 같은 결론을 내렸다. '교회에도 별것 없구나!'

통계에 의하면 1994년 이후 한국 교회는 마이너스 성장을 벗어나지 못하고 있다. 성장하고 있다고 말하는 교회도 많은 경우 불신자 전도보다는 수평 이동에 의한 성장이 더 많다. 교회에 대한 사회적 인식이 부정적이다. 안타깝게도 기독교를 비하하는 단어들을 온라인이든 오프라인이든 흔하게 접할 수 있다. 그리고 하나님은 온갖 조롱의 대상이 되었다.

이러한 부정적 결과를 일으킨 가장 중요한 요인은 그리스도인들의 삶의 실패이다. 교회가 전도 활동을 통하여 복음은 전했지만, 복음에 합당한 삶으로 복음의 확실성을 증명하지 못했다. 삶에서 실패한 것이다. 세상 사람들이 하나님과 교회를 알 수 있는 가장 중요한 방법은 그들이 일상에서 함께 생활하며, 일하고 관계하는 그리스도인들의 삶을 통해서이다. 따라서 현 시대의 하나님과 교회에 대한 부정적 인식은 그리스도인의 삶에 무엇인가 문제가 있음을 증명해 주는 것이다.

그리스도인의 삶의 실패는 하나님의 영광을 위해 살기보다 자신의 유익을 위해 살려는 죄 된 본성에서 출발한다. 영적 지도자들의 인격과 도덕성의 결핍, 나아가 사회적 책임이 결여된 그리스도인의 삶은 실패로 드러나고 하나님의 영광을 가로막는다. 그리고 마귀는 기뻐한다.

진정한 영광의 대상

안점식 교수는 그의 책 『세계관을 분별하라』에서 영적 전쟁을 영광 전쟁으로 정의했다. 이 정의에 대한 이해는 그리스도인의 실제적인 삶과 깊은 연관이 있다. 영광 전쟁과 그리스도인의 삶과의 연관성은, 영적 전쟁이 왜 영광 전쟁인가를 이해하며 성경이 말하는 예배가 무엇인지를 이해할 때 더욱 명확해진다.

영적 전쟁은 영광 전쟁이다. 영광의 히브리어 단어는 '카보드(כָּבוֹד)'이다. 이 단어는 기본적으로 '무게'란 의미이지만, 그 외에도 다양한 뜻을 내포하고 있다. 거룩함을 함축하는 '빛', 가치와 존귀를 함축하는 '아름다움', 그리고 '권능'이 대표적인 의미다.

또한 영광은 중요한 속성도 가지고 있다. 하나님께만 속해 있다는 것이다.

> 나는 여호와이니 이는 내 이름이라 나는 내 영광을 다른 자에게, 내 찬송을 우상에게 주지 아니하리라(사 42:8)

이 세상에서 영광은 내가 가지고 싶다고 가질 수 있는 것이 아니다. 하나님에게만 속해 있기 때문이다. 목사가 설교를 아무리 잘해도, 성가대가 아무리 아름다운 찬양을 불러도, 내게 아무리 멋진 선행과 업적이 있다 할지라도 영광을 가질 수는 없다. 영광은 오직 하나님만이 받으실 수 있다. 물론 그리스도인은 마지막 날 하나님 앞에서 영화롭게 변하여 그분의 영광에 참여할 가능성을 가진 존재이지만(롬 8:17), 이 땅에서는 절대 영광을 가질 수 없다. 하나님만이 영광을 받으실 수 있다.

온 세상의 창조자이며 통치자이신 하나님은 모든 피조물에게 영광 받으시는 것을 기뻐하신다. 하나님이 자신의 성품과 능력을 이 세상에 나타내시는 이유도 영광 받기 위해서이다(시 96:7-9). 세상에 복음이 전해져 잃어버린 영혼들이 주께 돌아와야 할 이유가 있다. 하나님이 그들에게도 영광을 받으셔야 하기 때문이다(시 86:9).

하나님이 자신의 영광을 다른 누구에게도 주지 않겠다는 이사야 말씀은 하나님의 준엄한 신적 선포이다. 그러나 원수 마귀는 이러한 하나님의 신적 선포를 무시한다. 그는 스스로 하나님처럼 되어 하나님만 받으실 수 있는 영광을 자신도 받길 원했다. 하지만 준엄한 신적 선포로 인해 자신이 영광을 받고 싶다고 해서 받을 수 없다는 사실을 마귀는 알고 있었다. 그래서 마귀는 자신이 받을 수 없는 영광을 하나님도 못 받게 하기 위해 영광을 다른 피조물들에게 돌아가도록 만든다. 어떤 피조물도 영광을 받을 수 없음에도 말이다.

첫째, 마귀는 하나님만 받을 수 있는 영광을 다른 우상들에게 돌아가게 한다.

그래서 수많은 불경건한 자들이 우상 숭배를 시작했다.

> 썩어지지 아니하는 하나님의 영광을 썩어질 사람과 새와 짐승과 기어다니는 동물 모양의 우상으로 바꾸었느니라 (롬 1:23)

모든 인간의 본성 안에는 희미하게나마 하나님에 대한 인식이 있다. 칼뱅은 이것을 '종교의 씨앗'이라고 말한다. 그렇기에 하나님을 알지 못하는 자들도 어떤 형태로든 다른 무엇인가를 섬기게 되어 있다. 그리고 그것을 자신의 하나님으로 인식하려고 한다. 어떤 나라, 어떤 민족이든지 우상 숭배가 존재하는 이유가 이것 때문이다. 마귀는 하나님을 모르는 자들의 종교의 씨앗을 다른 방향으로 자라게 하고, 그 결과 그들은 하나님 아닌 다른 우상을 섬기게 되는 것이다. 이러한 우상은 모두 다 인간이 만들어 낸 고안물이다.

> 우상은 장인이 부어 만들었고 장색이 금으로 입혔고 또 은 사슬을 만든 것이니라(사 40:19)

어리석게도 사람들은 자신의 손으로 만든 형상에 힘을 부여할 뿐 아니라 그것에 자신의 인생을 맡긴다. 우상에게 영광을 돌리는 것이다.

이러한 우상 숭배는 하나님을 알지 못하는 자들에게만 드러나는 것이 아니다. 하나님의 백성들도 우상 숭배에 빠진다. 구약 시대 이스라엘 백성들의 가장 큰 문제는 하나님을 떠나 다른 신을 섬긴 것이 아니었다. 그들의 문제는 하나님을 섬기지만 더불어 다른 신도 섬기는 혼합주의 종교 형태에 있었다. 그들은 하나님을 섬기면서 자기들의 욕심을 채워 줄 수 있는 다른 신을 겸하여 섬김으로써 하나님을 모독했다.

신약 시대의 그리스도인들에게도 이러한 형태가 드러난다. 골로새서 3장 5절 말씀은 '탐심이 우상 숭배'라고 말한다. 탐심은 '더 가지려 하는 욕구'이다. 더 가지려 하는 이유는 무엇인가가 자신에게 더 가치 있게 보이기 때문이다.

그리스도인에게 가장 중요한 가치는 하나님이다. 하지만 어느 순간부터 이 세상을 살아갈 때 하나님만큼, 아니 때론 하나님보다 더 가치 있어 보이는 것들이 주변에 나타나 그리스도인을 유혹한다. 그래서 하나님을 섬긴다고 말하지만 눈에 보이는 그 무엇인가도 함께 섬기며 더 가지려 한다. 그것이 물질이 될 수도, 사람이 될 수도, 명예가 될 수도 있다. 하지만 모두가 인간의 탐심에서 나온 우상일 뿐이다. 돈이나 좋은 아파트, 비싼 자동차, 높은 스펙 등을 갖는 것이 죄는 아니다. 단지 하나님의 백성이 탐심을 가지고 이것들을 하나님보다 더 가치 있게 여기는 순간 우상 숭배의 죄를 범하는 것이다. 마귀는 이 일들을 기뻐한다. 그리고 끊임없이 인간을 유혹한다. 이러한 우상 숭배는 하나님의 백성을 통해 영광 받으시려는 하나님의 마음을 아프게 한다.

둘째, 하나님의 신적 선포를 무시한 마귀는 하나님만 받을 수 있는 영광을 인간이 스스로 취하게 한다.

이것은 의식적이든 무의식적이든 인간이 스스로 신이 되려 하는 노력 속에 나타난다. 하나님이 선악과를 만드신 데에는 중요한 이유가 있다. 인간은 하나님의 형상으로 창조되어 하나님과 함께 세상을 다스릴 통치권(창 1:26)을 가질 정도로 존귀하다. 하지만 인간은 하나님이 될 수 없는 피조물이다. 쉽게 말해 급이 다르다.

하나님은 인간이 이 사실을 늘 기억하길 원하셨기에 선악과를 만드셨다. 선악과를 볼 때마다 인간은 자신이 하나님의 명령 아래 있는 피조물임을 깨닫는다. 하나님이 자신에게 복을 주셨기 때문에 하나님과 함께 동역할 수 있다는 사실을 기억해 내는 것이다. 하지만 마귀는 피조물인 인간에게 접근하여 만약 인간이 선악과를 먹으면 하나님처럼 될 수 있다고 속인다(창 3:5). 그리고 하나님처럼 되고 싶은 인간은 선악과를 따먹는다.

이렇게 타락한 인간의 본성 안에는 하나님처럼 되고자 하는 교만이 늘 꿈틀거린다. 그리고 인간의 교만은 종교와 철학을 통하여 세상에 드러난다. 우리에게 잘 알려진 몇몇 종교들을 보면 구원을 위한 자신들만의 길을 설명한다. 그런데 재미있는 사실은 이러한 종교들은 모두 지혜와 선한 행위를 강조한다는 것이다. 인간이 지혜를 통해 우주의 이치를 깨달아 구원에 이를 수 있다고 믿거나, 선행을 통해 스스로 쌓은 업적이 구원을 가져다 줄 수 있다고 믿는다. 그리고 그 구원의 이면에는 인간이 신이 될 수 있다는 전제가 깔려 있다.

힌두교는 '브라만(우주, 곧 신)은 아트만(개성 없는 자아)이다'란 사상을 기반으로 범신론을 주장한다. 무지한 인간이 만물을 볼 때 그 만물은 다양한 형상으로 보이지만, 본래 만물의 본질은 '아트만'이고 그 '아트만'이 '브라만'이라는 것이다. 즉 인간을 포함한 모든 존재들은 신이 될 수 있다.

현대화된 힌두교라 하는 불교는 해탈을 통해 법신불(부처)이 되어 윤회를 벗어나는 것을 목표로 한다. 그런데 이 법신불은 우주이며 신이다. 즉 인간이 신이 되는 것을 해탈, 곧 구원으로 생각하는 것이다.

도교는 영원히 죽지 않는 '불사(不死)'를 목표로 연단술과 단전호흡을 발전시켰고, 신선이 되기 위한 선행을 가르친다. 종교들 안에 인간이 신이 되게 하려는 마귀의 계략이 드러나는 것이다(창 3:5).

철학 안에 드러난 인간이 신이 되고자 하는 노력은 종교의 세속화된 형태로 나타난다. 세속화된 인본주의 철학은 먼저 인간 역사와 사고 속에서 철저하게 하나님을 배제시켰다. 뿐만 아니라 인간의 지혜를 통한 과학 문명의 발전과 선행이 인간의 삶을 부족함 없이 만들어 줄 수 있다는 잘못된 이상을 주었다. 이 이상은 인간의 지위를 스스로 신의 위치까지 격상시키는 결과를 가져왔다. 마귀의 계략이 성공적으로 드러난다.

이상에서 보았듯이 마귀는 마땅히 하나님께 돌아가야 할 영광을 하나님이 받으시지 못하도록 역사하고 있다. 인간으로 하여금 우상을 숭배하게 한다. 종교와 철학에서 드러나듯 인간에게 스스로 신이 되라고 유혹한다. 이 모든 것들이 하나님의 영광을 가로막는다.

여기서 우리는 그리스도인이 회복해야 할 중요한 목표를 발견한다. 그것은 하나님이 마땅히 받으셔야 할 영광을 하나님이 받으시도록 하는 것이다. 영적 전쟁은 마귀가 잘못된 방향으로 흘러가게 만든 영광의 방향을 제대로 바꾸어 놓는 것이다. 그렇기 때문에 영적 전쟁은 하나님의 영광을 위한 영광 전쟁이라 말할 수 있다.

당신의 삶은 예배인가

그렇다면 하나님이 받으실 영광을 어떻게 하나님이 받으시게 할 수 있을까? 가장 중요한 것은 그리스도인의 삶 안에 진정한 예배를 회복하는 것이다. 그리고 예배의 회복은 마귀의 역사를 무너뜨린다.

우리는 성경이 말하는 예배를 두 가지로 정의할 수 있다.

첫째, 예배는 하나님과 인간의 양방향의 만남이다.

예배에는 하나님의 임재가 있다. 임재하신 하나님은 자기의 백성들에게 자기 자신을 보이신다. 또한 하나님을 만난 그분의 백성은 하나님의 이름과 능력에 합당한 영광을 올려드린다. 이것이 예배다.

이스라엘 백성의 가장 중요한 예배 처소인 성막은 예배가 하나님과의 만남이라는 사실을 잘 보여 준다. 성막에서 드려지는 제사 중 대속죄일 제사는 이스라엘 백성의 예배 중에서도 상당히 중요하다. 대제사장이 일 년에 단 한 번 지성소에 들어가 성소와 백성들을 위해 속죄하는 날이기 때문이다. 대제사장이 들어가는 지성소에는 언약궤와 그 덮개인 속죄소가 있다. 유대인들은 속죄소를 하나님의 보좌(출 25:22)로, 언약궤를 하나님의 발판(대상 28:2)으로 인식한다.

결국 대제사장이 들어가는 지성소는 하나님이 임재하신 보좌 앞이다. 이곳에서 하나님은 대제사장을 만나고, 이스라엘 백성을 향한 말씀을 전달하신다. 대제사장은 그 말씀을 백성들에게 전달하고 백성들은 하나님의 영광을 찬양한다. 이것이 예배이다.

시간이 흘렀지만 예배의 본질은 오늘날에도 동일하다. 구약 시대에는 오직 대제사장만이 지성소에 들어갈 수 있었다. 하지만 지금은 예수 그리스도의 대속의 피를 의지하는 모든 자들이 하나님의 보좌 앞으로 나아갈 수 있다(히 9:12). 인간이 대속의 피를 의지하여 하나님 앞에 나아가 그분의 보좌 앞에 서서 그분을 만나는 것이다.

이때 인간의 공로나 노력은 필요하지 않다. 예수 그리스도의 피 하나면 된다. 절대 자신을 꾸미지 않아도 된다. 나의 모습 그대로 하나님 앞에 나아갈 수 있고(시 51:17, 62:8), 하나님의 은혜와 영광을 경험한다. 그리고 인간은 하나님의 은혜에 감사하고 그분의 이름에 합당한 영광을 돌리는 것이다.

만남으로서의 예배가 가진 가장 커다란 능력은 변화이다. 예배는 예배자를 변화 시킨다(시 73:17). 예배 안에 임재하시는 하나님은 예배자의 전인격에 영향을 주기 때문이다.

나의 아내는 다양한 어려움이 올 때마다 피아노가 있는 방으로 들어가 그곳에서 하나님께 예배한다. 놀라운 사실은 예배를 마치고 나온 내 아내의 얼굴은 언제 그랬냐는 듯이 평안해 보인다는 것이다. 예배의 자리로 나가기 전에 그녀를 억눌렀던 모든 두려움과 근심은 사라진 것이다. 마귀는 하나님과의 만남에서 하나님의 은혜를 경험하고 그분께 영광을 돌리는 예배자에게 아무런 영향을 줄 수 없다. 하나님 백성이 마귀를 이기는 중요한 방법은 예배이다.

또한 예배는 예배자들이 거하는 장소를 변화 시킨다. 예배는 하나님이 받으실 영광을 하나님께 돌리는 가장 중요한 영적 전쟁이기 때문이다.

예수전도단 대구지부 대표간사로 결정되었을 때 일이다. 나는 가장 신뢰하는 동료 간사와 함께 대구에 내려와 대구 시내가 훤히 내려다보이는 타워에 올라가 기도했다. 그때 하나님이 내 마음에 감동을 주신 것은 예배의 회복이었다. 하나님은 대구 땅에 예배자를 일으키고 그들을 통해 교회와 사회를 변화 시키길 원하셨다.

전도여행을 보낼 때 내가 가장 강조하는 것도 예배이다. 어떤 지역이든 도착하자마자 예배를 드리고 하나님의 영광을 선포하는 것이다. 또한 매일의 예배를 통하여 그 땅에 하나님만이 영광 받으실 유일한 분이라는 것을 선포하는 것이다. 이때 마귀의 모든 계획이 수포로 돌아간다.

성도들은 영광 중에 즐거워하며 그들의 침상에서 기쁨으로 노래할지어다 그들의 입에는 하나님에 대한 찬양이 있고 그들의 손에는 두 날 가진 칼이 있도다 이것으로 뭇 나라에 보수하며 민족들을 벌하며 그들의 왕들은 사슬로, 그들의 귀인은 철고랑으로 결박하고 기록한 판결대로 그들에게 시행할지로다 이런 영광은 그의 모든 성도에게 있도다 할렐루야(시 149:5-9)

둘째, 예배는 삶이다.

공적 예배에서 경험하는 하나님과의 만남뿐 아니라 하나님과 함께하는 삶 그 자체가 예배인 것이다. 사도행전 2장 1절부터 4절에 기록된 오순절 성령 강림 사건은 예수 그리스도로 말미암은 구속사의 성취를 보여 준다. 특별히 3절 말씀은 이 사실을 더욱 명확히 한다.

마치 불의 혀처럼 갈라지는 것들이 그들에게 보여 각 사람 위에 하나씩 임하여

있더니(행 2:3)

오순절 성령 강림 사건 때 성령 하나님은 불의 모양으로 강림하신다. 또한 그 자리에 모인 공동체 집단에 임한 것이 아니라 각 사람에게 임한다. 이것은 중요한 의미를 가진다. 먼저 성령 하나님이 불로 임했다는 것은 무엇인가를 확증하는 것이다. 구약 안에 하늘에서 불이 떨어진 사건은 모두 확증의 의미가 있었다. 무엇에 대한 확증인지 몇 가지 예를 들어 보겠다.

레위기 말씀은 출애굽기와 시간적 연속성을 가지고 읽어야 한다. 출애굽기 40장에는 성막 봉헌식이 기록되어 있다. 봉헌식을 마친 이후 하나님은 모세를 성막으로 부르신다(레 1:1). 그리고 다섯 가지 제사를 제사자의 관점(레 1-5장)과 제사장의 관점으로 반복해 말씀하신다(레 6-7장).

레위기 8장은 아론과 그의 아들들의 제사장 위임식이, 9장에는 대제사장으로 위임받은 아론의 첫 번째 제사가 기록되어 있다. 그런데 대제사장 아론이 드린 첫 번째 제사의 제물과 기름 위에 여호와 앞에서 나온 불이 떨어졌다.

> 불이 여호와 앞에서 나와 제단 위의 번제물과 기름을 사른지라 온 백성이 이를 보고 소리 지르며 엎드렸더라(레 9:24)

그렇기에 이 불은 성막이 하나님이 거하시는 처소요, 이스라엘 백성의 예배처라는 것을 확증해 주는 것이었다.

이와 유사한 사건이 역대하 7장 말씀에도 나온다. 솔로몬은 하나님을 위하여 성전을 건축한다. 그리고 하나님께 드리기 위한 낙성식을 거행한다. 언약궤를 성전으로 이동한 후 솔로몬은 이스라엘 백성을 축복한다. 손을 펴고 여호와의 제단 앞에서 기도한다. 그리고 솔로몬이 기도를 마치자 불이 하늘에서 내려와 모든 제물을 태운다.

> 솔로몬이 기도를 마치매 불이 하늘에서부터 내려와서 그 번제물과 제물들을 사르고 여호와의 영광이 그 성전에 가득하니(대하 7:1)

성전 낙성식 때에 하늘에서 떨어진 불은 하나님이 성전에 자신의 이름을 두시겠다는 확증이다. 또한 성전이 이전에 있었던 성막을 대신하여 이스라엘 백성의 예배처가 된다는 확증이기도 하다. 이를 통해 성령 하나님이 오순절 성령 강림 사건 때 왜 각 사람에게 불로 임하였는지를 알 수 있다. 하나님은 각 사람을 성전 삼아 그들 안에 거하기로 결정하신 것이다.

그렇기에 고린도전서 3장 16절 말씀은 우리 몸을 하나님이 거하시는 거룩한 전으로 표현한다. 그분의 백성 안에 거하시는 하나님은 그분의 백성 한 사람 한 사람을 성전으로 삼으셨다. 하나님의 백성은 모두가 걸어 다니는 성전이다. 성전은 예배 처소이다. 그렇기에 걸어 다니는 성전인 하나님의 백성이 머무는 모든 곳은 예배의 처소가 된다. 곧 삶이 예배가 되는 것이다.

창세기 2장 15절 말씀은 이 사실을 증명한다.

> 여호와 하나님이 그 사람을 이끌어 에덴동산에 두어 그것을 경작하며 지키게 하시고(창 2:15)

첫 사람 아담은 에덴동산에서 그것을 경작하고 지키는 일을 했다. 세상은 하나님과 인간이 함께 일해야 정상적인 모습을 가질 수 있기 때문이다(창 2:5). 이 말씀 속에서 '경작하다'는 단어는 '아바드(עבד)'이다. 이 단어는 '일하다', '섬기다'란 의미가 있다. 하지만 이 단어가 가지고 있는 또 한 가지 중요한 의미는 '예배하다'이다. 즉, 아담이 땀 흘려 에덴동산을 가꾸고 경작하는 일이 예배였던 것이다.

하나님의 백성이 자신의 삶 속에서 하나님과 함께하는 모든 일이 예배이다. 진정한 예배자는 공적 예배 안에서만 하나님을 높이지 않는다. 자신의 직장과 가정, 모든 인간관계와 재정관계 등 일상의 삶 속에서도 하나님을 높인다. 하나님의 영광을 위해서 사는 것이다.

이사야 말씀도 이 부분을 명확하게 설명한다. 이사야는 기원전

740년경부터 약 삼십 년간 예루살렘에서 활동했던 선지자이다. 이사야 1장 10절부터 17절 말씀은 유다와 예루살렘 사람들의 무너진 예배를 비판한다. 하나님은 그들이 드리는 수많은 예배를 기뻐하지 않으신다.

> 여호와께서 말씀하시되 너희의 무수한 제물이 내게 무엇이 유익하뇨 나는 숫양의 번제와 살진 짐승의 기름에 배불렀고 나는 수송아지나 어린 양이나 숫염소의 피를 기뻐하지 아니하노라 너희가 내 앞에 보이러 오니 이것을 누가 너희에게 요구하였느냐 내 마당만 밟을 뿐이니라(사 1:11-12)

하나님은 왜 이들의 예배를 기뻐하지 않는지 그 이유를 13절에서 말씀하신다.

> 헛된 제물을 다시 가져오지 말라 분향은 내가 가증히 여기는 바요 월삭과 안식일과 대회로 모이는 것도 그러하니 성회와 아울러 악을 행하는 것을 내가 견디지 못하겠노라(사 1:13)

예루살렘 백성들은 수많은 예배와 더불어 악을 행하고 있기 때문이다. 일상의 삶에서 손에 피가 가득한(사 1:15) 백성들의 예배를 하나님은 기뻐하지 않으셨다. 하나님은 유다 백성들에게 삶이 뒤따르는 예배를 받으시기 원하셨다. 그들의 삶이 예배이길 원하신 것이다.

예배는 삶이다. 세상 속에 사는 모든 그리스도인은 자신의 삶이 하나님을 섬기는 예배라는 사실을 기억해야 한다. 그리스도인의 삶의 예배는 하나님께 영광이 되고, 이와 같이 할 때 영광의 방향을 바꾸고자 하는 마귀의 역사를 무너뜨릴 수 있다.

삶이 예배가 되길 원하신다

그렇다면 하나님께 영광이 되는 예배의 삶이란 어떻게 사는 것일까?

첫째, 하나님께 영광이 되는 예배의 삶은 자기희생과 포기의 삶을 사는 것이다.

이러한 삶이 마귀의 역사를 무너뜨린다. 고린도전서 8장부터 11장 1절까지의 말씀에는 '우상에게 바쳐진 제물을 먹을 수 있는가?'란 질문에 대한 바울의 답변이 기록되어 있다(고전 8:1).

고린도교회 성도들은 우상에게 바쳐졌던 제물을 이방 신전의 식사 자리 혹은 시장에서 쉽게 접할 수 있었다. 이 때문에 교회 성도들 안에서 우상에게 바쳤던 음식을 먹을 수 있는가에 대한 논쟁이 일어난 것이다.

8장과 10장에 나와 있는 바울 답변의 핵심은 '먹느냐 혹은 먹지 않느냐'가 아니었다. 바울은 오히려 중요한 삶의 원리를 제시한다. 그것은 '자유의 원리'가 아닌 '유익의 원리'로 사는 것이다(고전 8:13, 10:23-24).

즉, 나의 자유로 연약한 사람이 넘어질 수 있다면 기꺼이 연약한 사람의 유익을 위해 내 자유를 포기하라는 말이다. 바울은 답변의 결론에서 먹는 것이든, 마시는 것이든, 무엇을 하든지 만약 내가 가진 자유가 다른 사람에게 어려움을 준다면 그것은 하나님께 영광이 되지 않는 것이라고 말한다. 그렇기 때문에 하나님의 영광이 무엇인지를 잘 생각해서 선택하고 행동해야 한다고 권면한다.

이러한 삶은 그리스도를 본받은 바울 자신의 삶이었기 때문에 (고전 9장), 고린도교회의 성도들에게 자신을 본받으라 권면할 수 있었다.

> 그런즉 너희가 먹든지 마시든지 무엇을 하든지 다 하나님의 영광을 위하여 하라(고전 10:31)
>
> 내가 그리스도를 본받는 자가 된 것같이 너희는 나를 본받는 자가 되라 (고전 11:1)

오랜 시간 선교단체 리더로 살아온 내 자신이 가끔 초라하게 느껴질 때가 있다. 그것은 월급을 받지 않는 단체에서 일하기 때문에 느끼는 한 가정의 가장으로서의 책임감 때문도 아니고 목사지만 지역 교회를 담임하지 않기 때문에 받는 무시 때문도 아니다.

나 자신이 가장 초라해 보이는 순간은 사소한 이익에 집착해 이기적인 내 모습이 드러날 때이다. 내가 먼저 다른 사람을 대접하기보다 대접받기 원하는 내 모습을 볼 때가 있다. '난 리더이기 때문에 존중받아야 해'라는 생각으로 나의 이익부터 챙기려는 연약한 모습에 나는 초라함을 느낀다.

이상하게도 사소한 이익에 집착하는 나의 이기적인 모습은 세상 사람들 앞에 서면 더 심해진다. 세상 사람들이 이기적으로 보이기 때문에 내 이익을 더 챙기고 싶어지는지도 모르겠다. 그런데 이러한 모습이 하나님이 기뻐하시는 것이 아님을 내 마음이 증명한다. 세상 사람들 앞에서 이기적인 모습을 보일 때마다 내 마음 속에는 '저 사람들이 내가 목사인 것을 알면 안 되는데!'라고 생각하는 것이다. 이러한 생각은 내 행동이 결코 하나님의 영광이 될 수 없다는 것을 증명한다.

희생과 포기의 삶은 이기적인 세상 속에서 살지만 세상과 구별된 하나님 백성이라면 가져야 할 가장 중요한 삶의 원리이다. 이러한 삶은 예수님이 말씀하신 자기 부인과 십자가를 지고 예수를 따르는 것의 적극적인 적용이기 때문이다.

> 또 무리에게 이르시되 아무든지 나를 따라오려거든 자기를 부인하고 날마다 제 십자가를 지고 나를 따를 것이니라(눅 9:23)

하지만 희생과 포기의 삶은 쉬운 것이 아니다. 편안함과 안전을 포기해야 한다. 누군가를 향해 화낼 수 있는 권리도 포기해야 한다. 때론 억지로 다른 사람의 짐을 지어야 한다. 하지만 그리스도인의 희생과 포기는 세상 사람들에게 하나님의 아들이 매달리신 십자가를 보여 준다. 이러한 그리스도인의 모습은 믿지 않는 사람들로 하여금 하나님께 영광을 돌리게 한다. 하나님의 영광을 가로막는 원수의 계략을 무너뜨리는 것이다.

둘째, 하나님께 영광이 되는 예배의 삶은 착한 행실로 살아가는 것이다.

착한 행실로 살아가는 삶은 마귀의 역사를 무너뜨린다. 마태복음 5장 13절에서 16절의 말씀은 이러한 원리를 잘 보여 준다.

> 너희는 세상의 소금이니 소금이 만일 그 맛을 잃으면 무엇으로 짜게 하리요 후에는 아무 쓸 데 없어 다만 밖에 버려져 사람에게 밟힐 뿐이니라 너희는 세상의 빛이라 산 위에 있는 동네가 숨겨지지 못할 것이요 사람이 등불을 켜서 말 아래에 두지 아니하고 등경 위에 두나니 이러므로 집 안 모든 사람에게 비치느니라

이같이 너희 빛이 사람 앞에 비치게 하여 그들로 너희 착한 행실을 보고 하늘에 계신 너희 아버지께 영광을 돌리게 하라(마 5:13-16)

산상 수훈의 가르침은 하나님 나라의 백성이 어떤 삶의 태도를 가져야 하는지에 관한 것이다. 그리고 위의 말씀은 세상과 그리스도인과의 관계를 가르치고 있다. 먼저 예수님은 예수님을 따르는 자들의 정체성을 말씀하신다. '너희는 세상의 소금이다.', '너희는 세상의 빛이다.'

만약 우리가 그리스도인들을 향해 '세상의 소금이 되십시오', '세상의 빛이 되십시오'라 가르친다면 그것은 잘못된 가르침이다. 그리스도인들은 이미 세상의 빛이고 소금이다. 이것은 존재론적 의미이다. 예수를 믿는 순간 그리스도인은 세상의 빛이고 소금이다. 문제는 '소금이 맛을 제대로 내느냐? 내지 못하느냐?', '빛이 빛을 제대로 비추느냐? 비추지 못하느냐?' 하는 것이다.

그 당시 소금을 만들기 위해서는 염분이 높은 흙을 용해 시켜 추출해야 했다. 따라서 소금과 불순물이 섞여 있는 원재료인 흙에서 소금이 녹아 나가고, 그 후 남은 불순물들은 색이 희다 할지라도 소금의 맛을 낼 수 없는 것들이었다. 이것들은 길가에 버려졌다.

하지만 불순물로부터 구별된 소금은 음식의 맛과 부패를 방지하기 위해 상당히 중요한 물질이었다. 예수님은 세상 속에 사는 그리스도인이 세상의 소금답게 살아야 한다고 말씀하신다. 세상과 구별되어 세상의 무너진 도덕적 상황 속에서 방부제 역할을 감당해야 한다는 것이다.

또한 당시 산 위에 있는 동네에서 나오는 빛은 밤이 되면 아랫마을 사람들을 안전하게 그들의 목적지로 인도하였다. 예수님은 세상 속에 사는 그리스도인은 세상의 빛답게 살아야 한다고 말씀하신다. 그리스도의 참된 빛을 비추는 순결한 백성으로 어두움에 거하는 자들을 빛으로 인도하는 역할을 감당해야 한다. 그리고 이러한 역할을 감당할 수 있는 방법을 16절에서 말씀하신다. 그것은 바로 착한 행실이다.

> 이같이 너희 빛이 사람 앞에 비치게 하여 그들로 너희 착한 행실을 보고 하늘에 계신 너희 아버지께 영광을 돌리게 하라(마 5:16)

착한 행실이란 하나님과의 관계로부터 나오는 의로운 행동을 말하는 것이다. 세상적인 기준이 아니라 하나님의 말씀을 기준하는 구별된 삶이다. 따라서 착한 행실을 가진 그리스도인의 삶은 도덕적이며 선한 양심의 삶이다. 바울은 디모데에게 '믿음과 착한 양심'을 가지라고 권면한다(딤전 1:19).

C. S. 루이스의 지적처럼 믿음과 도덕성은 절대 분리되지 않는다. 그리스도인의 그릇된 양심은 교회를 대적하는 자들이나 하나

님을 믿지 않는 자들의 이유를 정당화한다.

또한 착한 행실은 하나님의 선하신 성품과 관련하여 생각해볼 수 있다. 하나님의 선은 공의와 사랑을 동전의 양면처럼 함의하고 있다.

따라서 착한 행실을 가진 그리스도인의 삶은 연약한 자를 돌아보며 하나님의 공의와 사랑을 실천한다. 공적 예배와 삶의 분리를 책망하신 하나님이 예루살렘 백성들에게 원하셨던 삶은 악한 행실과 행악을 버리고 선행을 베푸는 삶이다. 말만이 아니라 행함으로 사랑을 실천하는 것이다.

또한 하나님은 정의로운 삶으로 사회적 약자들인 학대 받는 자, 고아와 과부를 신원하고 변호하는 삶을 원하셨다(사 1:16-17). 그리스도인이 예배의 삶을 산다는 것은 착하게 사는 것이다. 그리스도인의 착한 행실은 하나님께 영광이 된다. 또한 하나님이 받으실 영광의 방향을 바꾸고자 하는 마귀의 능력을 무력화한다. 다음의 이야기는 우리에게 많은 것을 생각하게 만든다.

어느 날 한 미용실 앞에 주차를 하던 고급 승용차가 사고를 냈다. 미용실 앞에 설치된 미용실 광고판에 부딪쳐 기계와 차에 흠집이 생긴 것이다. 깜짝 놀라 밖으로 나온 미용실 원장님은 차 앞에서 승용차 운전자가 차 밖으로 나오기를 기다렸다.

조금 후 운전자는 차에서 내렸지만 한마디 사과도 없이 누군가에게 전화를 했다. 이때 원장님은 미용실 광고판보다 고급 승용차에 난 흠집이 더 걱정이 돼 차의 흠집 부분을 손가락으로 살짝 만져 보았다.

그런데 그 순간 전화하던 운전자가 원장님의 몸을 옆으로 밀치며 차에 손을 대지 말라고 했다. 그의 불손한 행동 때문에 원장님은 마음이 상했다. 전화를 끊은 후에도 운전자는 원장님과 눈을 마주치지 않은 채 누군가를 기다렸다. 오 분 정도가 지난 후 누군가가 급하게 뛰어와 운전자에게 말했다. "목사님! 괜찮으세요? 어디 다치신 곳은 없으세요?"

그 운전자는 미용실 근처에 있는 한 교회의 담임 목사였다. 그리고 한숨에 달려오신 분은 그 교회의 집사님이었다. 목사님은 집사님에게 뒤처리를 부탁하고 아무런 사과 없이 그 자리를 떠나고 남은 집사님은 원장님에게 광고판의 변상 비용을 문의했다.

그런데 이 과정에서 원장님의 마음이 한 번 더 상했다. 어떻게든 비용을 낮추려는 집사님의 태도와 무시하는 듯한 언어 때문이었다. 안에서 기다리는 손님 때문에 시간이 없었던 원장님은 교체 비용보다 훨씬 낮은 수리비용을 받기로 하고 미용실 안으로 들어갔다.

얼마 후 그 집사님이 수리비용을 은행 봉투에 넣어 다시 미용실로 방문했다. 그리고 집사님은 원장님에게 돈이 든 봉투를 주시며 한마디했다.

"원장님! 예수님 믿고 구원 받으세요."

이 일을 겪은 원장님이 미용실을 찾은 나에게 질문하셨다.
"목사님! 이런 예수를 내가 믿어야 하나요?"

> 내가 그로 그 자식과 권속에게 명하여 여호와의 도를 지켜 의와 공도를 행하게 하려고 그를 택하였나니(창 18:19)

그리스도인이 된다는 것은 종교적인 사람이 된다는 것이 아니다. 종교적이라는 것은 율법적이라는 의미이다. 율법적인 사람들의 중요한 특징은 이분법의 영향에 쉽게 노출된다는 것이다. 그래서 마귀는 종교적인 사람을 좋아한다. 세상에 아무런 영향이 없기 때문이다.

그리스도인이 된다는 것은 말씀대로 실천하는 사람이 된다는 것이다. 이러한 삶이 예배의 삶이다. 예배는 말씀을 삶 속에서 실제화하는 것이기 때문이다. 하나님이 아브라함과 그의 백성을 택하신 중요한 이유는 하나님의 도를 지켜 공의를 행하게 하기 위함이라고 말씀하신다. 말씀을 실제화하는 예배의 삶을 원하신 것이다.

교회가 세상으로부터 공격 당하는 가장 큰 이유는 복음을 전파하는 자들이, 자신들이 전하는 복음대로 살지 않았기 때문이다. 말씀대로 사는 예배의 삶을 살지 못하기 때문에 이러한 그리스도인의 삶이 하나님의 영광을 가로막는 것이다.

그리고 마귀는 이 일을 기뻐한다. 그리스도인이 말씀에 기반한 실천적 삶을 산다면, 하나님은 영광을 받으실 것이고 마귀의 역사는 철저하게 무너질 것이다.

5

하나님의 진리로
사는 삶이
영적 전쟁이다

현 시대의 문화 흐름을 볼 때 영적 전쟁에서 승리할 수 있는 중요한 방법은 하나님께로부터 오지 않은 세상 문화에 의도적으로 충격을 주는 것이다. 잘못된 이론과 지식, 그리고 이로 인해 형성된 부정적인 행동들에 성경적인 도전을 주는 것이다.

◆
진리 안에
거하라

하나님이 주신 은혜가 각 사람에게 개별화 되어 나타나는 것을 은사라고 한다. 고린도교회는 그 어떤 교회들보다 하나님이 주신 은사가 풍성한 교회였다(고전 1:7). 그만큼 교회 안에 은혜가 풍성했다는 것이다. 은사는 개인과 교회의 덕을 세우기 때문에 그리스도의 몸을 견고히 만들어 준다(엡 4:11-12). 그렇기 때문에 고린도교회의 풍성한 은사는 고린도교회를 하나님 안에서 성숙하게 만들어 줘야 했지만, 고린도교회는 1세기 당시 그 어떤 교회들보다도 문제가 많았다. 분열, 근친상간, 성도 간의 소송, 성만찬 문제, 은사 문제 등의 문제가 있었다. 이러한 어려움을 겪었던 중요한 이유는 그들이 가지고 있던 잘못된 이론과 지식 때문이었다. 헬라 철학에 영향을 받은 고린도 교인들은 복음을 당시 유행하는 철학과 수사학 정도의 수준으로 이해했다. 따라서 방언과 예언 같은 은사들을 세상 지혜와 지식의 수준으로 생각하며 상대방과 비교했다.

또한 구원에 있어서 그들은 플라톤이 주장한 이원론의 영향을 받았다. 그들은 자신들을 이미 그리스도 안에 있는 구원을 완성한 사람으로 착각했으며, 자신들이 받은 성령의 은사들이 이것에 대한 증거라고 믿었다. 이런 모습은 신비주의와 도덕적 불감증을 만들었고, 자신들이 경험한 신비한 체험들을 구원이 완성된 증거라고 경쟁하며 자랑했다. 육신을 벗어나 영혼이 이미 구원 상태에 있기 때문에 자신들이 육체적으로 범하는 도덕적 문제들에 대해서는 그다지 죄책감을 느끼지 않았다.

하나님의 은혜가 충만했던 고린도교회는 잘못된 이론과 지식으로 인해 진리에서 멀어졌고, 결국 심각한 문제들에 직면할 수밖에 없었다.

고린도교회의 문제는 오늘날 교회 안에서도 쉽게 발견할 수 있다. 교회 안에 침투한 잘못된 이론과 지식들이 교회를 무너뜨리고 있다. 이런 측면에서 볼 때 닐 앤더슨이 영적 전쟁을 '진리 전쟁'으로 정의한 것은 전적으로 옳다고 생각한다. 마귀는 잘못된 이론과 지식을 통하여 사람들에게 무차별적으로 강한 영향을 주고 있기 때문이다.

잘못된 이론과 지식의 영향

첫째, 마귀는 잘못된 이론과 지식을 통해 복음의 확장을 가로막는다.

> 그 중에 이 세상의 신이 믿지 아니하는 자들의 마음을 혼미하게 하여 그리스도의 영광의 복음의 광채가 비치지 못하게 함이니 그리스도는 하나님의 형상이니라(고후 4:4)

이 말씀은 마귀가 자신의 궁극적 목적을 성취하기 위한 방법을 보여 준다.

세상의 신이란 마귀를 지칭하는 단어이다. 마귀의 궁극적 목적은 그리스도의 영광의 복음이 그 광채를 비추지 못하게 하는 것이다. 이 말의 의미는 사람들이 예수 그리스도를 믿지 못하게 한다는 것이다. 마귀는 이 목적을 이루기 위해 사람들의 마음을 혼미하게 한다. '혼미하게 하다'는 동사는 헬라어로 '튀플리오$(τυφλόω)$'라는 단어이다. 이 단어는 '눈을 멀게 하다'는 의미를 갖고 있다. 마귀는 마음의 눈을 멀게 하여 사람들이 예수 그리스도를 믿지 못하게 한다.

여기에서 '마음'이라는 단어가 중요하다. 헬라어에서 마음이란 단어는 여러 종류가 있지만 여기서는 '노에마(νόημα)'라는 단어를 사용한다. 신약성경에서 여섯 번만 나온 이 단어는 '생각' 혹은 '사상'이란 의미를 가지고 있다. '사상'이라 함은 철학이나 세계관, 이데올로기 등을 의미한다. 따라서 마귀는 잘못된 '생각'과 '사상'으로 사람들의 눈을 멀게 하여 그들이 예수 그리스도를 믿지 못하게 한다. 잘못된 이론과 지식이 전도의 문을 막는 것이다. 이것은 각 시대에 영향을 주었던 정신들의 흐름 속에서 명확하게 증명된다.

르네상스와 종교 개혁이 일어나기 전 시대에는 신의 질서와 보편적 법칙이 존재한다는 종교적 사고, 그리고 절대 진리와 규범에 대한 믿음을 가지고 있었다. 하지만 근대 이후의 시대정신들은 하나님을 알지 못하도록 막는 이론과 지식들로 채워졌다. 이신론자들은 역사 속에서 하나님을 배제한다. 창조주 하나님은 창조 이후 인간 역사에는 간섭하지 않았다고 믿는다.

자연주의자들은 더 나아가 창조주를 지워 버린다. 이들은 근대 사회는 이성의 계몽을 통한 기초가 세워질 때 온전한 문화가 일어날 수 있다고 믿었다. 인간의 이성과 과학의 진보가 유토피아를 만들 수 있다고 생각한다. 자연주의자들은 성경 때문에 인간이 무지하고 불행해졌다고 생각했다. 성경 때문에 무지해진 인간을 계몽해야 한다고 믿었다. 이들에게 성경은 더 이상 보편적 진리가 될 수 없었다. 자연주의자들에게는 이성이 성경, 곧 계시의 심판자가 되었다. 유신론자였던 존 로크(John Locke)마저 하나님이 주신 인간의 이성만이 계시를 판단할 수 있다고 했다. 이후의 자연주의자들은 하나님이 이성을 주셨다는 말조차 부인한다. 이러한 결과로 나온 19세기 중엽의 자유주의 신학은 20세기 이후 유럽 교회의 몰락을 가져왔다.

이성은 하나님이 주신 최고의 선물이다. 하지만 인간의 이성만을 강조한 이들이 만든 잘못된 이론과 지식들은 인간이 하나님께 나아가는 길을 막았다.

1세기 고린도 지역은 전통적인 고대 철학의 도시 아테네보다 철학적 경향이 훨씬 더 강했다. 당시 떠돌이 철학자, 소피스트(sophist)들은 상업적으로 발달한 고린도 지역에 몰려들어 자신들의 철학을 가르쳤다. 당시에 '고린도인처럼 말한다'라는 격언이 있을 정도로 고린도 사람들은 이성적 사고와 언변(수사학)을 중요하게 생각했다. 이러한 경향 때문에 고린도 사람들은 하나님의 능력이요 지혜인 십자가를 미련하다고 여겼다. 십자가는 이성적이거나 과학적이지 않았기 때문이다.

우리는 십자가에 못 박힌 그리스도를 전하니 유대인에게는 거리끼는 것이요 이 방인에게는 미련한 것이로되 오직 부르심을 받은 자들에게는 유대인이나 헬라

인이나 그리스도는 하나님의 능력이요 하나님의 지혜니라(고전 1:23-24)

서울의 한 교회에서 '그리스도의 십자가'란 주제로 세미나를 할 때의 일이다. 나는 세미나 여섯 시간 중 처음 두 시간 동안 구원의 의미에 대해 설명했다. 잠시 쉬는 시간, 한 청년이 내게 와서 다음과 같이 말했다.

"목사님! 저는 이단으로 알려진 교회를 다니고 있지만 그곳에서 이성적인 만족을 느끼지 못했습니다. 그러던 중 오늘 이 교회에서 십자가 세미나가 있다는 소식을 듣고 참석하게 됐습니다. 만약 이 세미나에서 이성적인 만족을 얻으면 저는 전에 다니던 이단 교회를 나와 지금 이 교회로 옮기려 합니다. 그런데 목사님 강의 두 시간을 들으니 십자가 복음이 이성적으로 전혀 이해되지 않습니다."

사실 이 청년의 말이 맞다. 복음은 인간의 이성으로 이해되지 않는다. 예수님은 정상적인 부부 관계를 통해 태어나지 않으셨다. 그리고 죽었다가 살아나셨다. 부활하신 예수님은 육신의 몸이지만 아무렇지도 않게 제자들이 머문 집의 문을 통과하셨다. 그리고 하늘로 승천하셨다. 곧 오실 것처럼 가르치셨지만 이천 년이 지난 지금도 오시지 않고 계신다. 이러한 예수를 믿으면 구원 받고, 믿지 않으면 영원한 지옥 형벌을 받는다고 한다.

복음은 합리적이거나 과학적이지 않다. 이것은 마귀에게 좋은 무기이다. 1세기 고린도 지역의 사람들이나 르네상스 이후 이성의 지배를 받고 살던 근대 사람들, 그리고 과학의 시대를 살고 있는 현대의 사람들에게 십자가와 부활이 중심인 복음은 그다지 매력적이지 않다. 그래서 믿기가 쉽지 않은 것이 사실이다. 하지만 복음은 이해해서 믿는 것이 아니라, 오히려 믿으니까 이해되는 것이다. 복음 안에 감추어진 비밀을 성령님이 깨닫게 해 주시기 때문이다.

오늘날에 가장 큰 영향을 주고 있는 후기 근대주의(포스트모더니즘)도 사람들이 하나님께 나아가는 길을 가로막는다. 니체, 프로이드, 마르크스, 이 세 사람은 탈 이성주의를 표방하는 후기 근대주의의 근간을 만든 자들이다. 니체는 인간의 이성을 '권력의 창녀'로 묘사한다. 심리학자 프로이드는 '인간은 의식보다 무의식에 지배 받는다'고 말했다. 마르크스는 '정신은 경제의 그림자'라고 말했다. 이 모든 말들은 이성의 객관성을 신뢰하지 않는다는 의미를 내포하고 있다.

후기 근대주의는 이성과 인본주의적 유토피아니즘(Utopianism)에 대한 불신에서 출발한다. 이성주의에 대한 반발로 감성주의가 싹튼다. 논리와 분석보다 직관과 상상력을, 일방적 개인주의보다 상호 관계적 사고를 지향한다. 전체적 통일을 지향하는 거대 문화를 해체시킨 다원주의와 상대주의는 불신의 문화를 만들고 반 엘리트적 대중주의라는 특징을 갖는다.

후기 근대주의의 핵심 단어는 '관용'이다. 이들이 말하는 관용은 성경에서 말하는 관용과는 다른 의미이다. 성경의 관용은 손해를 본다 할지라도 이해하고 용서하는 마음을 말한다(빌 4:5). 하지만 후기 근대주의가 말하는 관용은 독단과 절대성에 대한 부정이다. 이러한 후기 근대주의의 관용은 이 시대 사람들에게 기독교에 대한 적대감이 커지게 만들었다.

후기 근대주의의 관용은 보편적 진리를 거부한다. 기독교에서 말하는 보편적 진리는 성경이다. 하지만 이들의 관점으로 보면 성경은 그저 기독교인들만의 진리일 뿐이다. 진리는 상대적이기 때문이다. 후기 근대주의의 관용은 구원의 다양성을 열어 놓는다. 하지만 기독교 구원론은 유일주의이다. 예수님만이 유일한 구원의 길이다(요 14:6). 하지만 관용의 정신으로 볼 때 구원의 길은 다양하다. 정상으로 올라가는 등산로가 여러 개가 있듯이 각각의 종교는 산 정상에 있는 동일한 신을 향해 다른 길을 선택한 것이다. 따라서 이들은 모든 종교의 구원을 인정한다.

후기 근대주의의 관용은 도덕적 상대주의를 낳았다. 기독교는 모든 사람을 죄인으로 정죄한다(롬 3:23). 또한 인간은 모두 죄의 가능성 아래 놓여 있다. 하지만 관용의 정신으로 본다면 죄는 문화의 문제일 뿐, 죄에 대한 절대적 기준은 없다. 공공의 이익에 반하는 심각한 사회적 죄악(살인, 강간, 폭행 등)을 제외한다면 각자 자기 소견에 옳은 대로 선택한 행위는 죄가 될 수 없다. 그것이 동성애나

혼전 성관계라 할지라도 그렇다.

관용의 정신은 복음의 확장을 가로막는다. 그리고 교회와 그리스도인들을 배타적이고 이기적인 집단으로 몰아간다. 에딘버러 선교대회에서 안티 기독교와 관련한 선택 강의를 들은 적이 있다. 안티 기독교인들의 공식 사이트가 이미 수없이 많이 존재할 뿐 아니라, 그들은 기독교를 '개독교'라고 공공연하게 부르고 있다. 하나님의 이름은 망령되이 일컬어지고, 복음을 들을 기회를 점점 잃어가고 있다.

각 시대마다 거대 담론을 형성하는 시대정신이 있다. 이러한 시대정신은 마귀의 중요한 무기가 되어 사람들이 하나님에게서 멀어지게 한다. 그리스도인들은 이러한 시대정신에 대한 명확한 이해가 필요하다. 그리고 나아가 그것들이 가져다주는 다양한 형태의 결과들을 진리로 분별해야 한다. 그리고 그에 대해 반대정신을 가지고 진리 안에 거하는 삶을 사는 것이 영적 전쟁의 삶이다.

둘째, 마귀는 잘못된 이론과 지식을 통해 잘못된 문화를 만든다.

구약성경에서 발견할 수 있는 가나안 사람들의 주요 특징은 음행이다. 가나안 사람들은 상당히 음란한 문화를 가지고 있었다. 그들이 얼마나 음란했는가는 레위기 20장을 통해 어느 정도 예상할 수 있다. 그 땅의 사람들은 간음과 근친상간, 짐승과의 성관계 등 심각한 음행에도 전혀 정죄함이 없었다.

이렇게 된 데에는 이유가 있다. 일찍부터 농사를 지으며 살던 가나안 사람들은 바알과 아세라를 섬겼다. 바알은 농사의 신이며 비와 바람, 폭풍을 주관하는 남성성을 가지고 있다. 한편 가나안 사람들은 대지를 여신으로 생각했다. 풍요로운 땅의 수확을 기대한 가나안 사람들은 대지가 풍성한 열매를 맺기 위해서는 남성의 정액이 필요하다고 생각했다. 그들은 하늘에서 내리는 비를 바알의 정액으로 생각했고, 이것이 대지의 여신에 뿌려질 때 풍성한 수확을 누릴 수 있다고 믿었다. 그래서 바알의 신전에는 신전 창녀가 존재했고, 바알을 향해 드리는 예배가 음란했던 것이다.

아세라도 마찬가지이다. 아세라는 어머니 신인 동시에 다산의 신이었다. 자녀 한 명 한 명이 노동력이 되는 농경사회에서 다산은 매우 중요하다. 다산을 위해 아세라를 성적으로 흥분시켜야 했다. 그 결과 아세라를 향한 예배는 음란할 수밖에 없었다. 잘못된 이론과 지식으로부터 시작된 음란한 종교생활은 그들의 삶의 방식 전반에 영향을 미쳤고, 아무런 자책 없이 음란한 문화를 만들었다.

모든 이론과 지식은 사회와 공동체의 문화를 형성한다. 문화를 정의하는 것은 쉽지 않다. 일반적인 문화의 정의는 인간 개개인이나 집단의 삶의 방식이라 말할 수 있다. 문화는 언어와 습관, 의식과 개념 등으로 드러난다. 그리고 사회와 공동체를 하나로 연결해 주는 기능도 한다.

하지만 이러한 정의로 문화의 정의를 마무리하는 것은 상당히 위험하다. 문화 상대주의에 빠질 수 있기 때문이다. 모든 문화가 비평 없이 존중 받아야 한다는 것이 문화 상대주의이다.

만약 문화 상대주의를 인정한다면 민족이나 집단의 문화 안에서 도덕적인 문제들이 발생한다 할지라도 우리는 그냥 그 문화를 어떤 비평도 없이 존중해야 한다. 알래스카 남성들이 귀한 손님에게 자신의 아내와 하룻밤을 보내게 해 주는 문화도 존중해야 한다. 태어난 아기가 기형일 경우 그냥 죽여도 되는 아마존의 한 부족의 문화도 존중해야 한다. 대학 내에 신입생들에게 전통적으로 해 온 술이나 폭력이 동반된 신고식 문화도 존중해야 한다.

그렇기 때문에 문화를 단순하게 삶의 방식으로 정의하기보다는 좀 더 깊은 근본적인 정의를 발견해야 한다. 어거스틴은 문화를 신념의 표출로 정의한다. 문화의 중심에는 신념, 곧 세계관이 있다. 세계관은 인간의 가치관을 형성한다. 인간은 자신의 가치에 따라 행동하며 삶의 방식과 문화를 만든다. 따라서 문화는 이론과 지식이 신념으로 표출된 결과이다.

여기서 중요한 한 가지는, 문화의 가장 중심에 세계관이 있다는 것이다. 문화에 가장 강력한 영향을 주는 것은 세계관이다. 그렇기 때문에 마귀는 끊임없이 세계관의 영역을 공격한다. 잘못된 세계관 안에서 잘못된 지식과 이론이 쏟아져 나온다. 그리고 모든 문화를 통제하기에 이른다.

유신론적 세계관은 하나님의 말씀에 가치를 둔다. 보편적 진리인 성경에 가치를 둔 삶은 자기희생적이며 도덕적이다. 하지만 세속주의 세계관은 돈과 쾌락에 가치를 두고, 그것을 위해 각종 부도덕적인 행동을 한다. 유교 세계관 안에서 '우리'로 표현되는 내(內)집단 문화는 혈연과 지연의 가치를 중요하게 생각한다. 법조계 안에서 일어난 전관예우를 이용한 부정 청탁 사건은 이러한 유교적 세계관의 자연스러운 결과이다.

이와 같은 현 시대의 문화 흐름을 볼 때 영적 전쟁에서 승리할 수 있는 중요한 방법은 하나님께로부터 오지 않은 세상 문화에 의도적으로 충격을 주는 것이다. 잘못된 이론과 지식, 그리고 이로 인해 형성된 부정적인 행동들에 성경적인 도전을 주는 것이다.

내가 섬기는 예수전도단 대구지부의 중요한 사역 중 하나는 '레아마(Reamar) 프로젝트'이다. '레아마(Reamar)'란 스페인어로 '무척 사랑하다, 사랑을 받아들이다.'라는 의미이다. 이 프로젝트는 건강한 언어생활을 통하여 나와 상대를 올바르게 인식하고 존중하도록 돕는 캠페인이다. 모든 사람은 사랑 받아야 한다. 그런데 그 사랑은 언어로 표현될 때 더 잘 알 수 있다.

또 다르게는, 인간이 상처를 주고받는 가장 일반적인 방법이 언어이다. 잘못된 언어 사용은 잘못된 마음에서 나온다. 그리고 잘못된 마음은 잘못된 이론과 지식에서 나온다. 언어는 문화의 중요한 요소이다. 잘못된 언어가 일반화되었다는 것은 그 공동체의 문화 안에 무엇인가 문제가 있다는 것이다.

마귀는 이러한 언어 사용의 중요성을 알고 있다. 불행히도 너무나 많은 사람들이 잘못된 언어로 인한 고통 가운데 살고 있다. 거칠고 예의 없는 언어는 서로를 존중하지 못하고, 개인의 정체성을 파괴하는 문화를 만들어 왔다. 서로를 향한 배려와 존중이 사라진 오늘날의 세상에서 먼저 회복해야 할 것은, 언어로 인한 거짓 메시지를 제거하는 것이다. 이 캠페인을 준비한 대학 사역자들은 캠퍼스 내에 잘못된 언어 습관을 바꿔 나가는 것이 캠퍼스 문화를 바꾸는 중요한 출발이라고 생각했다.

학생들이 가장 여유로운 점심시간, 학생 회관 앞에서 우리의 심장을 찌르는 거짓 메시지를 뽑아내고, 하나님이 우리를 바라보는 관점으로 학생들을 위로하기 시작했다. 진리의 메시지를 전달한 것이다. 많은 학생들이 이 캠페인에 관심을 보이기 시작했다.

캠페인에 참여한 어떤 학생은 언어로 인해 깨어진 마음 때문에 우리 사역자의 품에 안겨 울기도 했다. 하나님이 그 학생의 마음을 만지기 시작한 것이다. 그 사역자도 함께 울며 축복의 메시지를 전했다. 어떤 학생들은 함께 온 친구들과 손을 잡고 부끄럽지만 서로 눈을 바라보며 축복의 메시지를 전달했다. 그 순간 이들은 더 깊은 위탁과 존중이 생기는 경험을 하기도 했다. 이러한 순간들이 바로 잘못된 문화를 통해 개인의 삶과 공동체 안에서의 관계를 무너뜨리려 했던 마귀의 계략이 깨지는 순간이며 영적 전쟁의 승리를 경험하는 때이다.

영적 전쟁의 영역

여기서 우리는 한 가지 중요한 사실을 이해해야 한다. 이론과 지식이 대중들에게 전달되는 방법을 이해할 때 우리는 중요한 영적 전쟁의 영역을 알 수 있다. 대로우 밀러(Darrow Miller)는 그의 책 『생각은 결과를 낳는다』에서 사회 변혁의 네 가지 세대를 말한다. 변화의 핵심동인, 곧 가장 큰 영향을 주는 1세대는 사상가들이다. 이들은 철학자와 신학자를 말한다. 2세대는 예술가들로 미술가, 음악가, 영상 매체 종사자, 문학가 등을 말한다. 3세대는 전문직 종사자들이고, 4세대는 일반 대중들이다. 이러한 사회 변혁의 네 가지 세대는 다양한 이론과 지식이 어떻게 대중들에게 전달되는지를 알도록 도와준다.

다양한 이론과 지식들을 명제적 진리로 만드는 것은 1세대인 철학자들과 신학자들의 몫이다. 철학자들이나 신학자들의 이론은 강력하지만 어렵고 대중성이 떨어진다. 그렇기 때문에 예술의 형태로 사람들에게 쉽게 전달될 필요가 있다. 이것은 2세대 예술가들의 몫이다. 이를 통해 인간은 어려운 이론과 지식을 대중적이고 살아 있는 이야기 안에서 경험한다. 예술은 전문직 종사자뿐 아니라 광범위한 대중들에게까지 전달될 수 있다. 이때 그 이론은 인간의 전인격에 호소되고, 의식하든 의식하지 못하든 인간의 핵심 가치관을 재형성하는 데 큰 영향을 미친다. 그리고 하나의 문화가 된다.

노벨 문학상 수상자인 사무엘 베케트(Samuel Beckett)의 『고도를 기다리며』란 작품이 있다. 간절하게 기다리지만 오지 않는, 아니 오지 않을 고도(Godot)를 기다리며 앙상한 나무 한 그루만 있는 척박한 장소에 서 있는 두 주인공 에스트라다와 블라디미르를 보면서 대중들은 인생의 부조리와 허무함을 생각한다. 자연스럽게 무신론적 실존주의에서 허무주의로 귀결되는 어려운 명제적 진리가 대중들에게 전달되는 것이다.

대로우 밀러가 말한 사회 변혁의 네 가지 세대에 대한 이해는 우리에게 영적 전쟁의 영역을 보여 주고 있다. 첫 번째 중요한 영역은 변혁의 1세대로 이론과 지식을 만드는 철학과 신학의 영역이다. 이 영역은 이미 앞에서 다루었다.

여기서 다루어야 할 또 한 가지 중요한 영역이 있다. 바로 텔레비전, 영화와 같은 다양한 영상 매체와 각종 예술의 영역이다. 세속적인 세계관에 영향을 받은 영상 매체와 예술은 심각한 가치관의 혼란과 죄악 된 문화를 만들어 냈다. 공영 방송에서 쉽게 볼 수 있는 소위 막장 드라마의 비윤리적인 장면들은 전통적인 가정의 중요성과 거룩함을 붕괴시켰다. 초등학생마저 스마트폰을 통해 선정적인 영상들을 쉽게 접할 수 있는 것에서 보듯이 이미 성적인 것을 차단할 수 있는 경계가 무너져 버렸다. 돈과 쾌락, 권력은 이 시대의 주요한 신으로 자리매김했다. 세속주의자들의 잘못된 이론이 영상 매체와 예술을 통해 대중들에게 전달되면서 벌어진 비극이다.

우리는 영상 매체와 예술과 같이 사회 전반의 문화에 영향을 주는 영역에서 마귀가 어떻게 역사하는지 관심을 가질 필요가 있다. 마귀는 이 영역에 관심이 많다. 달콤한 유혹으로 힘들이지 않고 인간을 파괴할 수 있는 좋은 도구가 되기 때문이다. 따라서 우리는 먼저 영상 매체와 예술이 가져다주는 왜곡된 가치와 행동을 유발하는 거짓된 이론과 지식들을 분별하며, 올바른 비평을 통하여 진리 안에 서야 한다.

그리고 대중 매체와 예술계 안에서 종사하는 그리스도인들의 수고를 격려해야 한다. 또한 그들이 성경적 세계관을 가지고 세상에 영향을 줄 수 있도록 도울 뿐 아니라 그들을 위해 기도해야 한다. 다른 한편으로 영상 매체와 예술계 안에 종사하는 그리스도인들은 자신이 영적 전쟁의 최전방 군사라는 사실을 기억해야 한다. 대로우 밀러는 미술, 음악, 영화, 소설 등의 영역에서 성경적 세계관을 표현할 예술가가 필요하다고 말한다. 인간의 문화에 도전을 줄 수 있기 때문이다. 영상 매체와 예술계 안에 종사하는 그리스도인들은 자신이 일하고 있는 영역이 대중들에게 얼마나 큰 영향을 주는지를 기억해야 한다. 그리고 성경적 세계관에 입각한 작품이 나올 수 있도록 노력해야 한다. 이것이 원수를 이기는 중요한 영적 전쟁의 방법이다.

상식이 진리가 아닐 수도 있다

마귀는 잘못된 이론과 지식을 사람들의 마음에 깊이 뿌리내리게 하기 위해 모든 방법을 동원한다. 이것을 위한 가장 핵심적인 전략은 상식을 진리처럼 믿게 만드는 것이다. 마태복음 16장 13절 이하의 말씀에는 베드로의 신앙고백과 예수님의 첫 번째 수난 예고, 그리고 예수님이 베드로를 책망하시는 장면이 연이어 나온다. 가이사랴 빌립보 지방에서 예수님은 제자들에게 자신의 신분에 대하여 질문하신다.

이르시되 너희는 나를 누구라 하느냐(마 16:15)

베드로는 예수님의 신분에 대한 질문에 정확한 대답을 한다. 이것은 교회가 가지고 있는 신앙고백이기도 하다.

> 시몬 베드로가 대답하여 이르되 주는 그리스도시요 살아 계신 하나님의 아들이시니이다(마 16:16)

베드로의 대답에 칭찬하시는 예수님의 말씀(마 16:17-19)은 예수님도 베드로가 말하는 신분에 동의한다는 의미이다. 베드로의 신앙고백을 칭찬하신 예수님은 처음으로 당신의 수난을 예고하신다.

> 이때로부터 예수 그리스도께서 자기가 예루살렘에 올라가 장로들과 대제사장들과 서기관들에게 많은 고난을 받고 죽임을 당하고 제삼일에 살아나야 할 것을 제자들에게 비로소 나타내시니(마 16:21)

이 구절은 그리스도요 하나님의 아들로서 해야 할 사역을 말씀하신 것이다. 그분이 하셔야 할 일은 고난 받으시고 십자가에 죽으시는 일이었다. 하지만 베드로는 이 일에 동의하지 않는다. 오히려 이러한 일이 일어나서는 안 된다고 강하게 주장한다(마 16:22). 그러자 예수님은 다음과 같이 말씀하신다.

> 예수께서 돌이키시며 베드로에게 이르시되 사탄아 내 뒤로 물러가라 너는 나를 넘어지게 하는 자로다 네가 하나님의 일을 생각하지 아니하고 도리어 사람의 일을 생각하는도다 하시고(마 16:23)

5. 하나님의 진리로 사는 삶이 영적 전쟁이다

이것은 예수님의 평가였다. 그리스도요 하나님의 아들로서 고난 받으시고 십자가에 죽는 일은 하나님의 일이다. 하지만 베드로가 생각했던 그리스도요 하나님의 아들이 해야 할 일은 사람의 일이라는 의미이다. 이 내용을 간단한 표로 보면 다음과 같다.

	베드로	예수님
신분	그리스도, 하나님의 아들	베드로에 동의
하는 일	예수님에게 비 동의	고난과 죽음과 부활
평가	사람의 일	하나님의 일

그렇다면 베드로가 생각했던 그리스도요 하나님의 아들로서 예수가 해야 할 일은 무엇이었을까? 이것은 당시 대부분의 사람들이 가지고 있던 메시아 사상과 깊은 연관이 있다. 그때 여러 가지 메시아 사상이 존재했지만, 가장 널리 퍼진 사상은 다음과 같다.

첫째, 메시아는 군대장관으로 온다. 강력한 군대장관인 메시아는 군사적 승리를 통하여 로마로부터 정치적 독립을 가져다 줄 것이다. 기원전 586년 바벨론에 의해 멸망한 후 마카비 혁명을 통해 수리아로부터 독립한 하스모니아 왕조시대(기원전 142-63년)를 제외하고는 모든 세월을 식민지 국가로 살아야 했던 유대인들의 마음에는 이 생각이 가장 강력하게 자리 잡고 있었다.

둘째, 메시아는 경제적 회복을 가져다 줄 것이다. 메시아가 오면 하나님의 신적 영광이 회복될 것이다. 그리고 시내 산 언약에서 신적 영광을 회복한 이스라엘 백성이 광야에서 하나님의 물질적 공급을 받았듯이, 메시아가 오시면 경제적인 회복이 있을 것이다. 오병이어 사건을 경험한 후 백성들이 예수를 왕으로 삼으려 했던 이유도 여기에 있다(요 6:15).

셋째, 사회 정의의 실현이다. 당시 유대인들의 대다수는 극빈자 수준의 삶을 사는 반면, 종교지도자들의 부패는 극에 달했고, 사회 정의는 바닥을 치고 있었다. 유대인들은 메시아가 오면 무너진 사회 정의가 회복될 것이라고 믿었다.

이와 같은 메시아 사상이 당시 유대인들에게 상식처럼 자리 잡고 있었다. 그리고 베드로도 이 수준에서 '그리스도시요, 하나님의 아들'의 사역을 생각했던 것이다. 하지만 이러한 상식은 진리가 아니었다. 그리스도요 하나님의 아들로서 예수가 해야 할 일은 오히려 고난 당하고 십자가에 죽는 일이었다. 세상의 관점으로 보면 패배하는 것이고, 억울하게 사라지는 것에 불과했다. 하지만 그것이 예수의 일이었다. 베드로와 예수님의 대화는 수백 년 동안 이어진 유대인의 상식이 깨지는 순간이었다. 상식이 꼭 진리가 아니라는 사실을 보여 주는 것이다.

마귀가 이 세상에서 사람들을 잘못된 이론과 지식으로 속이는 중요한 방법은 상식을 모두 진리처럼 믿게 만드는 것이다. 이것에 대한 가장 중요한 예 중 하나는 성공의 개념이다.

유교는 인간에게 세속적 성공주의를 심어 주었다. 유교의 중요한 사상 가운데 하나가 대효(大孝)사상이다. 공자를 찾아와 대효에 대해 질문한 제자에게 공자는 부모님의 어깨를 펴게 해 드리는 것이 가장 큰 효라고 가르친다. 그리고 더 나아가 부모님의 어깨를 펴 드리기 위해서는 성공해야 하며, 성공은 복(福), 녹(祿), 수(壽)라고 가르쳤다.

복(福)이란 재물을 의미하며, 녹(祿)이란 권력을 의미하고, 수(壽)란 건강과 오랜 삶을 의미한다. 이것이 유교에서 말하는 성공의 개념이다. 유교가 말하는 성공이란 많은 돈을 벌고, 높은 지위를 가지며, 건강하게 오래 사는 것이다. 이것이 바로 세상이 말하는 성공의 의미이며 모든 사람들의 상식으로 일반화되었다. 그리고 그리스도인들 역시 이러한 성공을 추구하기도 한다.

하지만 이러한 기준으로 접근한다면 예수님과 베드로를 비롯한 수많은 믿음의 선배들은 모두 실패한 자들이다. 그들은 가난했다. 세상적인 지위도 가지지 못했다. 어떤 자들은 복음을 위해 젊은 나이에 기꺼이 순교하기도 했다. 만약 이들 모두가 실패자라면 이 시대에 예수를 따르는 자들 역시 모두 실패자이다.

많은 사람이 도달하고자 하는 세속적 성공은 그 기준이 객관적이지 않다. 얼마를 벌어야 성공한 것인지, 어느 위치까지 올라가야 성공인지 분명한 기준이 없다. 건강을 잃거나 일찍 죽게 되면 모두 실패한 사람인가? 사람에 따라 기준이 다르다. 성경이 말하는 성공은 하나님이 말씀하신 곳에서 하나님과 동행하며 하나님의 영광을 위해서 사는 삶이다. 돈을 많이 버는 것과 상관없다. 세상 사람들이 인정하지 않는 위치에 있어도 상관없다. 때론 안전하지 않아도 상관없다. 중요한 것은 하나님이다.

> 예수께서 이르시되 나의 양식은 나를 보내신 이의 뜻을 행하며 그의 일을 온전히 이루는 이것이니라(요 4:34)

이러한 세속적 성공 기준은 교회의 성공 기준에도 영향을 준다. 성공한 교회를 말할 때 사람들은 일반적으로 큰 교회, 널리 알려진 교회, 빠른 속도로 질적, 양적 성장을 이룬 교회를 떠올린다. 사실 이것이 상식이다. 하지만 이러한 상식은 세상이 말하는 성공의 기준에 근거한 것이다. 세상은 성공을 규모와 공공성과 속도로 평가한다. 교회의 성공을 이러한 세상 기준으로 판단할 수 없다. 성경적 기준으로 교회의 본질을 실제화하는 교회가 성공한 교회이다.

그리스도인들은 상식이 진리인지를 분별하는 삶을 살아야 한다. 세상의 상식이 반드시 진리는 아니기 때문이다. 상식은 보통 사람들이 알고 있거나 알아야 하는 지식을 말한다. 이러한 상식은 사회 모든 영역 안에 존재하며 잘못된 관행과 문화를 만들어 내기도 한다. 그렇기에 만약 그리스도인이 진리가 아닌 상식을 신앙의 양심으로 거부할 때 보통 사람들의 오해와 비난에 직면할 수도 있다. 이것은 두려운 일이다. 마귀는 그 두려움을 이용해 올바른 선택을 하지 못하도록 압박한다. 그럼에도 불구하고 진리를 선택하는 것, 바로 그것이 그리스도인이 영적 전쟁에 승리하는 비결이다.

세속주의 속의 그리스도인

이 세상의 중요한 특징은 세속화이다. 그리고 마귀는 세속주의의 배후에서 역사한다. 19세기 중반 등장한 세속주의는 인간의 삶은 모든 종교로부터 자유로워야 한다는 생각에서 출발했다. 철저하게 하나님을 배제시키려는 인본주의적 사상이 드러난다. 이러한 세속주의의 기반은 눈에 보이는 것만이 실체라는 유물론적 사고이다. 세속주의 안에서 인간의 가치는 소유에 의해 결정된다. 그래서 인간의 목표는 돈과 권력, 쾌락으로 변질된다. 성공을 위한 도덕성의 결여는 크게 문제가 되지 않는다. 자기만족을 위한 개인주의가 사람들의 정신을 지배한다.

세속주의에 영향을 받은 오늘날의 사람들은 돈을 사랑한다. 사람들의 삶의 목표가 돈이 되었다. 돈이 곧 신이다. 돈은 여러 담론의 주요 주제가 되었다. 돈이 편안함과 안전을 가져다 줄 수 있다는 환상에 빠지게 됐다. 평생 써도 남을 돈을 가졌으면서도 남에게 베푸는 것에는 인색한 자들이 너무나도 많다. 이러한 사람들을 보며 구두쇠라고 비난하지만 마음으로는 이들을 부러워한다.

　세상 속에서 그리스도인들도 세속적인 사람과 동일한 목표를 가지고 살아가는 실수를 범한다. 하나님과 재물을 겸하여 섬기는 것이다. 성경은 분명 하나님과 재물을 겸하여 섬길 수 없다고 말한다(마 6:24). 그러나 이 말씀은 성경에서 그리스도인들에게 가장 무시당하는 말씀 중 하나가 되어 버렸다. 하나님과 돈을 겸하여 섬기는 문제는 세속화된 세상에서 살고 있는 그리스도인에게는 쉽지 않은 유혹이다. 이 유혹이 강력한 이유는 인간 안에 있는 현실적인 염려 때문이다. 마귀는 인간이 가진 염려를 해결해 줄 수 있는 것이 '돈'이라고 속인다.

　교회 안에 무분별하게 수용된 번영 신학의 영향은 그리스도인이 하나님과 더불어 돈을 섬기는 행동들을 공공연하게 합리화한다. 번영 신학은 마귀의 달콤한 유혹이 신학이란 이론으로 멋지게 포장되어 교회 안으로 들어왔다. 번영 신학은 예수를 믿으면 하나님이 주시는 건강과 재물의 복을 누릴 수 있다고 가르친다. 하지만 번영 신학은 유교가 말하는 세속적 성공주의와 다를 것이 없다.

　또한 무속신앙이 가진 기복신앙의 기독교적 표현이기도 한다. 겉으로는 하나님이 주신 복과 기쁨을 누린다 말하지만 속으로는 그저 세상의 부와 건강, 명예가 가져다주는 안락함을 누리려는 추악한 이기주의이다.

번영 신학은 신앙의 목적과 결과를 바꾸어 버렸다. 성경은 신앙의 목적이 하나님께 영광이고 그 결과 각 사람에게 주어지는 하나님의 축복이 온다 말하지만, 번영 신학은 신앙의 목적을 축복으로, 결과를 하나님의 영광으로 바꾸어 버렸다.

무엇보다도 번영 신학은 디트리히 본회퍼(Dietrich Bonhoeffer)가 말한 '십자가의 제자도'를 거스른다. 본회퍼는 제자도를 다룬 그의 책 『나를 따르라』에서 예수를 따른다는 것은 자기를 부인하고 십자가에서 죽는 것이라고 말한다(눅 9:23). 이것은 세상 사람들과 교회를 구별하는 가장 중요한 특징이다. 하지만 번영 신학은 그리스도인의 삶 안에 따라오는 자기 부인의 삶과 고난의 가치를 무의미하게 만들어 버렸다.

재물을 다스리는 신앙

세속화된 시대에 그리스도인의 신앙은 재물과 밀접한 관련을 가진다. 요한계시록 2-3장 말씀은 일곱 교회를 향한 그리스도의 편지이다. 이 편지는 시대를 초월한 모든 교회에게 주시는 그리스도의 선지자적 메시지이다. 이중 라오디게아교회를 향한 선지자적 메시지는 그리스도인의 신앙과 재물과의 연관성을 보여 준다. 라오디게아교회를 향한 그리스도의 책망은 성도들의 변질된 신앙에 관한 것이었다.

> 내가 네 행위를 아노니 네가 차지도 아니하고 뜨겁지도 아니하도다 네가 차든지 뜨겁든지 하기를 원하노라(계 3:15)

이 책망은 배경과 함께 보면 더 확실하게 이해할 수 있다. 라오디게아 지역은 물이 없는 도시였다. 그래서 근처 데니즐리에서 파이프를 통해 물을 공급받았다. 처음 데니즐리에서 보낸 물은 뜨거운 물이다. 하지만 물이 파이프를 통해 먼 거리를 오는 시간 동안 미지근해지고, 그 결과 물의 맛도 구토가 날 정도로 변질되었던 것이다. 근처 히에라볼리의 뜨거운 물, 골로새의 차가운 물과는 상당히 대비되었다. 이런 물을 경험한 라오디게아 교인들에게 라오디게아교회의 신앙 역시 하나님이 구토를 할 정도로 변질되었다고 경고하는 것이다. 그 변질의 이유는 17절에서 말한다.

> 네가 말하기를 나는 부자라 부요하여 부족한 것이 없다 하나 네 곤고한 것과 가련한 것과 가난한 것과 눈 먼 것과 벌거벗은 것을 알지 못하는도다(계 3:17)

그것은 그들이 가진 경제적 부요함 때문이었다. 브루기아 지방의 주요 도시인 라오디게아는 에게 해와 유프라테스 강을 잇는 대상들의 길 중심에 있었고, 금융과 산업의 중심 도시였다. 직물 제조 기술이 발달했으며, 근처 브루기아의 신인 멘 가루(Men Karou) 신전 근처의 약학교에서 제조한 안약 '갓브기아의 가루'가 매우 유명했다. 이러한 모든 조건들이 도시를 부요하게 만들었고 그리스도인들도 동일하게 물질에 풍족했다.

하지만 재물이 그들을 영적인 문둥병자로 만들어 버렸다. 그들은 자신의 영적인 상태를 제대로 인식하지 못했다. 아이러니하게도 이들은 이러한 부요함을 영적인 축복의 결과라 믿었다. 그 부요함이 우상이 되어 자신들을 파멸로 인도하고 있다는 사실도 모르고 말이다. 재물이 있는 사람 모두가 신앙이 부족한 것은 절대 아니다. 하지만 분명 세속화된 세상에서 재물은 그리스도인의 신앙에 커다란 도전을 준다. 마귀는 재물을 유혹의 도구 삼아 끊임없이 그리스도인을 유혹할 것이기 때문이다.

마태복음 19장에 기록된 한 부자 청년은 어려서부터 십계명을 준수하며 종교적인 삶을 살았다(18-19절). 하지만 그는 자신의 소유를 팔아 가난한 자에게 나누어 주고 예수님을 따르라는 예수님의 말씀에 근심하며 그 자리를 떠난다(21절). 사실 재물이 있는 것이 문제가 아니다. 재물을 어떻게 다루는가가 문제이다. 과거나 지금이나 돈을 올바르게 다루지 못하는 자의 신앙은 진정한 신앙이 아니다. 마틴 루터(Martin Luther)가 말했듯이 진정한 회심은 영혼의 회심뿐만 아니라 생각의 회심, 지갑의 회심이 동반하기 때문이다.

그러므로 형제들아 내가 하나님의 모든 자비하심으로 너희를 권하노니 너희 몸을 하나님이 기뻐하시는 거룩한 산 제물로 드리라 이는 너희가 드릴 영적 예배니라 너희는 이 세대를 본받지 말고 오직 마음을 새롭게 함으로 변화를 받아 하나님의 선하시고 기뻐하시고 온전하신 뜻이 무엇인지 분별하도록 하라(롬 12:1-2)

로마서 12장 1절에서 바울은 그리스도인의 영적 예배는 삶의 예배임을 말한다. 그리고 2절에서는 삶의 예배에 대한 구체적인 예를 든다. 그것은 새롭게 변화된 마음으로 하나님의 뜻, 곧 진리를 분별하는 삶이다. 먼저, 구원 받은 하나님의 백성은 마귀가 다스리고 있는 이 세대를 본받지 말아야 한다. 이 세대의 생각이 가져다주는 잘못된 이론과 지식이 우리의 영혼을 넘어뜨릴 수 있기 때문이다.

그 다음으로 마음의 변화가 필요하다. 여기서 마음은 헬라어 '누스(νοῦς)'라는 단어로 생각과 이성을 말하는 것이다. 성경은 옛 사람을 벗어 버린 사람은 지식에까지 새롭게 됨을 입은 사람이라 말한다(골 3:10). 우리의 생각의 변화는 능동적인 노력을 통해 이루어진다는 것이다. 생각의 변화는 한순간에 기적적으로 이루어지는 것도 아니다. 여기서 '새롭게 함으로'는 그 말에서 알 수 있듯이 마음의 변화를 위해서는 인간의 능동성이 필요하다. 이때 점진적인 변화가 생긴다. 특별히 올바른 생각으로 새롭게 되기 위해서 우리는 하나님의 말씀에 대한 명확한 이해를 가질 필요가 있다.

하나님 말씀을 명확하게 이해하기 위해서는 성경을 읽어야 한다. 성경 읽기는 다독도 중요하지만 정독이 상당히 중요하다. 하지만 정독한다고 해서 다 이해할 수 있는 것은 아니다. 때문에 성경 공부와 깊은 묵상이 필요하다. 이러한 과정 속에서 우리는 성령님, 곧 지혜를 주시는 하나님의 역사를 경험하며 점진적으로 올바른 생각을 가질 수 있게 된다.

하나님 말씀은 살아 있고 활력이 있기 때문에 그리스도인의 영과 혼과 육에 역사하신다. 그리고 수많은 선택의 순간에 하나님의 선하시고, 기뻐하시고, 온전하신 뜻이 무엇인지 분별할 수 있도록 돕는다. 이것이 하나님의 음성을 듣는 삶이고, 인도하심을 받는 삶이다. 또한 이러한 삶이 진정한 예배의 삶이고 세상을 이기는 영적 전쟁의 삶이다.

6

영적 전쟁은 하나님 나라를 확장한다

각 개인과 사회의 모든 영역 안에 하나님 나라를 확장하여 하나님의 거룩하신 목적을 회복하는 것이 영적 전쟁의 목적이고 결과이다.

◆

영적 전쟁에
대한 오해

한 지역 교회에서 중보기도와 관련한 협력사역을 제안 받은 적이 있다. 나는 구체적인 협력방안을 논의하기 위해 교회의 담임목사님을 만났다. 첫 만남의 자리에서 목사님은 내게 다음과 같이 질문했다. "대구 지역에는 어떤 영들이 영향력이 강합니까?" 나는 질문을 듣는 순간 대화가 잘못된 방향으로 흘러갈 수 있음을 감지했다. 나는 대답했다. "글쎄요! 대구 사람들에게는 보수적인 성향이 있지만, 이 지역에 특정한 영이 있어서 그런 것 같지는 않습니다." 하지만 목사님은 한 지역을 가리키며 이렇게 말했다. "이 지역은 음란과 탐욕의 영이 강하게 지배하고 있습니다. 우리가 영적 전쟁을 통하여 이 지역의 영들을 몰아내는 것이 필요합니다."

어떤 사람들은 영적 전쟁의 목적을 특정한 지역을 다스리는 귀신을 쫓아내는 것으로 알고 있다. 하지만 이러한 생각은 먼저 '과연 지역 귀신이 존재하는가?'라는 질문에 부딪힌다.

지역 귀신이란 일정한 지역을 다스리는 특정한 귀신을 말한다. 지역 귀신을 말하는 자들은 무소 부재하지 않은 귀신들이 무소 부재한 하나님을 대적하기 위해 특정한 지역에 진을 치고 다스리며 영향을 주고 있다 생각한다. 이들은 마가복음 5장에 기록된 예수님이 거라사 지방에 사는 군대 귀신 들린 자를 고치시는 장면을 그 성경의 근거로 말한다. 통제가 불가능하고(4절), 파괴적인(5절) 귀신 들린 자가 예수 앞에 절하고, 귀신은 애걸한다(6-7절). 예수께서 그 사람에게서 나오라고 그 귀신에게 명령했기 때문이다(8절). 이때 군대 귀신이 예수께 간구한다.

자기를 그 지방에서 내보내지 마시기를 간구하더니 (막 5:10)

이 말씀 때문에 마치 군대 귀신이 거라사 지역을 다스리는 지역 귀신처럼 보일 수 있다. 하지만 이 구절은 다른 복음서의 대응구절을 통해 다시 이해할 필요가 있다. 누가복음 8장 26절에서 39절도 거라사 광인의 이야기를 다룬다. 마가복음 5장 10절의 대응구절은 누가복음 8장 31절이다.

> 무저갱으로 들어가라 하지 마시기를 간구하더니(눅 8:31)

무저갱은 '아뷔쏘스(ἄβυσσος)'란 헬라어 단어를 사용하며 마귀의 감옥을 의미한다. 하지만 이것은 공간적 개념을 말하는 것이 아니다. 귀신은 삼차원의 평면적 공간 안에 가둘 수 없는 영적 존재이기 때문에 이것은 상징적 의미이다.

무저갱의 상징적 의미는 요한계시록 20장에서 분명히 말한다. 요한계시록 20장 1절부터 3절에는 천사가 마귀를 잡아 무저갱에 던져 넣는 장면이 나온다. 여기서 무저갱이란 예수님의 승리로 인해 마귀의 활동이 제한된 것을 말한다. 따라서 마귀가 예수님께 했던 '이 지방에서 내보내지 말라'는 부탁은 지역 귀신의 개념을 말하는 것이 아니라 마귀 세력의 활동 제한과 관련된 말씀이다.

지역 귀신 개념은 애니미즘(Animism)의 영향이기도 한다. 가끔 마을 입구에 '천하대장군', '지하여장군'이라는 글이 새겨진 장승을 볼 수 있다. 이 장승은 마을의 위치를 알릴 뿐 아니라 귀신으로부터 마을을 보호해 주는 지역 수호신 역할을 한다. 전통 마을 중 어떤 곳은 지금도 여행객들이 마을로 들어가기 전 마을의 입구에서 마을을 다스리는 신에게 절을 하는 곳이 있다. 당연히 그 지역에서의 일을 마치고 떠날 때도 주신에게 절을 하고 나온다. 지역 신의 눈치를 보는 것이다.

영적 세력은 공간을 뛰어넘어 역사한다. 지역에 제한을 두지 않는다. 영적 세계에서 일하는 영적 존재들을 삼차원적인 공간에 가두려는 무모함이 지역 귀신을 믿는 자들의 결정적 실수이다. 내가 신촌에서 마포로 넘어갈 때 나에게 영향을 주는 마귀의 세력들이 임무 교대를 한다는 것 자체가 우스운 일이다.

영적 전쟁의 목적은 지역 귀신을 내어 쫓는 것이 아니라 하나님 나라의 확장이다. 각 개인과 사회의 모든 영역 안에 하나님 나라를 확장하여 하나님의 거룩하신 목적을 회복하는 것이 영적 전쟁의 목적이고 결과이다.

하나님 나라에 대한 오해

많은 그리스도인들은 하나님 나라에 대한 오해를 가지고 있다. 하나님 나라의 의미를 신앙생활을 잘한 후 죽으면 가는 하늘의 어떤 공간 정도로 이해하는 것이다. 이러한 오해의 이유는 하나님 나라라는 단어보다 '천국', 혹은 '하늘나라'라는 단어가 훨씬 익숙하기 때문이다. 마태복음에만 나오는 '천국'이나 '하늘나라'라는 단어는 마태복음의 독자가 유대인이라는 것을 감안하여 쓰인 하나님 나라의 대응어이다. 그래서 마태복음을 제외한 신약성경 전체에서는 천국이나 하늘나라가 아닌 하나님 나라라는 단어가 사용되고 있다.

하지만 하나님 나라를 죽은 후 가게 되는 하늘의 공간 같은 내세 개념으로만 이해하는 것은 올바른 이해가 아니다. 예수님의 공생애 첫 번째 선포로 이러한 오해는 해결된다.

> 이때부터 예수께서 비로소 전파하여 이르시되 회개하라 천국이 가까이 왔느니라 하시더라(막 4:17)

이 말씀에서 '가까이 왔다'는 구절은 헬라어 '엥기켄(ἤγγικεν)'이란 단어를 사용한다. 그리고 '엥기켄'은 '엥기조(ἐγγίζω)'란 단어의 완료시제이다. 완료시제는 계속되는 상황을 나타낸다. 따라서 '엥기켄'의 의미는 '이미 왔다. 그러나 아직 오지 않았다'는 뜻이다. '이미'와 '아직'의 긴장감 속에서 하나님 나라의 시간적 이중성을 보여 준다. '이미 왔다'는 것은 하나님 나라의 현재성을 말한다.

하나님 나라는 우리 안에 있어 현 시대에 경험할 수 있는 나라이다. 성육신 하신 예수님이 그분의 인격과 사역을 통하여 하나님 나라를 현재 우리 안에 가져오셨기 때문이다. 이러한 이해는 하나님 나라가 인간의 역사, 현실의 삶과 전혀 상관없다고 생각하며 사후에 겪을 내세의 것으로만 이해하는 것을 반대한다.

바리새인들이 하나님의 나라가 어느 때에 임하나이까 묻거늘 예수께서 대답하여 이르시되 하나님의 나라는 볼 수 있게 임하는 것이 아니요 또 여기 있다 저기 있다고도 못하리니 하나님의 나라는 너희 안에 있느니라(눅 17:20-21)

'아직 오지 않았다'는 것은 하나님 나라의 미래성을 말하는 것이다. 예수님 재림의 때에 하나님 나라는 완성된다. 그리고 하나님은 그분의 영원한 나라에서 그의 백성들과 함께 거할 것이다. 이것은 이 땅에서 수고하는 그리스도인에게 큰 위로와 소망이 된다.

또 내가 새 하늘과 새 땅을 보니 처음 하늘과 처음 땅이 없어졌고 바다도 다시 있지 않더라 또 내가 보매 거룩한 성 새 예루살렘이 하나님께로부터 하늘에서 내려오니 그 준비한 것이 신부가 남편을 위하여 단장한 것 같더라 내가 들으니 보좌에서 큰 음성이 나서 이르되 보라 하나님의 장막이 사람들과 함께 있으매 하나님이 그들과 함께 계시리니 그들은 하나님의 백성이 되고 하나님은 친히 그들과 함께 계셔서 모든 눈물을 그 눈에서 닦아 주시니 다시는 사망이 없고 애통하는 것이나 곡하는 것이나 아픈 것이 다시 있지 아니하리니 처음 것들이 다 지나갔음이러라(계 21:1-4)

하나님 나라의 의미

그렇다면 하나님 나라는 어떤 의미인가? 먼저 볼 하나님 나라의 의미는 하나님의 다스림과 통치이다.

'나라'는 헬라어 '바실레이아(βασιλεια)', 히브리어 '말쿠트(מלכות)'라는 단어를 사용한다. 성경의 용례를 볼 때 이 단어들이 하나님과 함께 사용될 때는 항상 통치와 다스림의 의미로 쓰였다.

둘째, 하나님 나라의 의미는 구원이다. 구약에서 처음 나타난 하나님 나라의 개념은 출애굽기 15장 18절이다.

> 여호와께서 영원무궁 하도록 다스리시도다 하였더라(출 15:18)

홍해를 건넌 후, 모세와 이스라엘 백성의 노래에 나오는 이 구절은 하나님이 이스라엘을 애굽에서 구원하신 이유가 그들을 다스리기 위해서라고 말한다. 구원은 하나님의 다스림 안으로 들어가는 것이다. 하나님의 다스림이 있는 곳은 하나님 나라이다. 결국 하나님 나라가 구원이다(요 3:3, 5). 하나님 나라의 의미로서 하나님의 다스림과 구원은 서로 연관성이 있다. 사람이 예수님을 영접할 때 항상 그분의 다스림을 위해 기도하는 것이 그 증거이다.

이러한 연관성은 예수님이 말씀하신 영생의 개념에서 더욱 명확해진다. 많은 사람들은 영생을 영원히 산다는 시간적 개념으로 이해한다. 하지만 이러한 개념은 바른 이해가 아니다. 영생을 시간적 개념으로 이해한다면 예수를 믿지 않아도 영생을 얻을 수 있다. 예수를 믿지 않는 자들도 지옥에서 영원히 살게 되기 때문이다. 예수님이 말씀하신 영생은 하나님의 다스림을 받는 삶을 의미한다. 하나님을 알고 경험하며 그분의 다스림을 받으며 사는 삶이 영생이다.

> 영생은 곧 유일하신 참 하나님과 그가 보내신 자 예수 그리스도를 아는 것이니이다(요 17:3)

영적 전쟁과 하나님 나라

하나님은 이 세상의 모든 영역에 하나님 나라가 확장되길 원하신다. 하나님 나라가 확장될 때 각 개인뿐 아니라 사회의 모든 영역에 구원이 임하기 때문이다. 하나님의 나라가 확장되어 구원이 이 세상에 임하는 것은 영적 전쟁의 중요한 목적이다. 이 사실은 복음서에서 좀 더 명확하게 알 수 있다.

마가복음 1장 14절에서 20절까지의 말씀의 배열에는 중요한 의도가 있다. 이 구절에는 두 가지의 이야기가 있는데, 하나는 예수님 공생애의 첫 번째 선포이고, 다른 한 가지는 예수님이 제자를 부르시는 장면이다. 마태복음 역시 이와 같은 순서로 이 이야기를 쓰고 있다(마 4:17-22). 그렇다면 이 배열의 의도는 무엇일까? 그것은 하나님 나라와 제자와의 관계를 보여 주기 위함이다.

예수님의 공생애 첫 번째 선포는 하나님 나라였다. 하나님 나라는 예수님의 메시아 사역에 있어 핵심 메시지이다. 예수님이 이 땅에 오신 이유라고도 표현할 수 있다. 그리고 이 사실은 예수님의 사명 선언문을 통해서 증명된다.

> 예수께서 이르시되 내가 다른 동네들에서도 하나님의 나라 복음을 전하여야 하리니 나는 이 일을 위해 보내심을 받았노라 하시고(눅 4:43)

하나님 나라를 선포하신 예수님은 갈릴리 해변을 다니시다가 베드로, 안드레, 야고보, 요한을 부르신다. 그리고 이들은 그물과 배, 아버지를 버려두고 예수를 따른다. 여기서 버렸다는 것은 비인간적인 관계 단절을 의미하는 단어가 아니다. 이것은 전혀 다른 삶의 방식으로 산다는 것을 보여 주는 단어이다. 이야기를 이와 같은 전제로 서술한 마가의 의도는 명확하다. 예수님의 가장 중요한 사명인 하나님 나라가 이전과는 다른 삶의 방식을 선택한 제자를 통하여 확장된다는 것이다. 이것은 첫 창조 때부터 하나님이 이 땅에서 일하시는 방식이다.

제자라면 하나님 나라를 확장하기 위해 해야 할 세 가지 사역이 있다. 이것을 보여 주는 말씀이 마가복음 3장이다.

> 또 산에 오르사 자기가 원하는 자들을 부르시니 나아온지라 이에 열둘을 세우셨으니 이는 자기와 함께 있게 하시고 또 보내사 전도도 하며 귀신을 내쫓는 권능도 가지게 하려 하심이러라(막 3:13-15).

이 말씀은 예수님이 제자를 부르신 세 가지 이유를 설명한다. 부르심의 이유는 제자의 사역과 연관이 있다. 첫째, 예수님과의 친밀한 교제이다. 이것은 제자의 사역이기도 하지만 인간 존재의 이유이기도 한다. 둘째, 전도하는 것이다. 공생애 기간 동안 예수님은 제자들에게 전도를 훈련하셨으며(마 10장), 승천하시기 전에도 만민에게 복음을 전파할 것을 명령하신다(막 16:15). 셋째, 영적 전쟁을 하는 것이다. 예수님은 제자들에게 뱀과 전갈을 밟으며 원수의 모든 능력을 제어할 권능을 주셨고, 실제 전도여행 중 마귀가 그들에게 항복하는 것을 경험했다(눅 10:17-20).

위의 설명에서 영적 전쟁과 관련한 중요한 사실을 알 수 있다. 하나님 나라는 제자를 통해 확장된다. 그런데 제자의 사역 중 중요한 하나는 영적 전쟁하는 것이다. 결국 제자가 영적 전쟁할 때 하나님 나라는 확장되는 것이다. 하나님 나라가 확장된다는 것은 하나님의 다스림과 통치로 인해 구원이 임한다는 것을 의미한다.

영적 전쟁의 중요한 목적은 이 세상에 하나님 나라가 확장되어 세상이 하나님의 구원을 누리는 것이다.

누구의 다스림을 받을 것인가

영적 전쟁은 능력대결 수준의 싸움이 아니다. 지역에 있는 귀신을 내쫓아 눈에 보이는 우상을 없애는 것이 우리의 목적이 아니다. 절과 신당이 눈앞에서 사라지면 다른 곳에 다시 생길 것이다. 중요한 것은 사람이다. 사람이 변화되어 하나님께로 돌아오는 것이 중요하다.

그리고 또 한 가지 중요한 것은 그 사람이 살고 있는 모든 사회의 영역이다. 모든 사회의 영역이 하나님의 거룩하신 목적을 회복하는 것이다. 사람과 사회 영역이 거룩하게 변화된다는 것은 누구의 다스림을 받느냐와 밀접한 연관이 있다. 마귀의 다스림 속에서는 절대 거룩한 변화가 일어날 수 없다. 마귀가 기대하는 결과는 사람들이 하나님을 알지 못하고, 각자 자기 신념대로 살게 만드는 것이다. 이렇게 살 때 그들이 사는 사회 영역까지도 심각한 훼손이 일어난다.

이러한 현상들을 아래와 같이 설명할 수 있다. 성경은 마귀를 세상의 임금(요 12:31), 공중의 권세 잡은 자(엡 2:2)라고 말한다. 마귀는 사람들을 자신이 가진 세상 권세로 유혹한다. 심지어 마귀는 예수님에게도 이러한 권세를 가지고 유혹했다.

> 마귀가 또 예수를 이끌고 올라가서 순식간에 천하만국을 보이며 이르되 이 모든 권위와 그 영광을 내가 네게 주리라 이것은 내게 넘겨준 것이므로 내가 원하는 자에게 주노라 그러므로 네가 만일 내게 절하면 다 네 것이 되리라(눅 4:5-7)

특이할 만한 사실은 이 말씀에서 마귀는 자신이 가진 천하만국의 권위와 영광을 가리켜 "내게 넘겨준 것"이라 말한다는 사실이다. 이것은 누군가에게서 받은 것이란 의미이다.

마귀가 세상의 권세를 가지게 된 것은 인간의 타락과 관련이 있다. 하나님의 형상으로 창조된 인간이 가진 특권은 통치권을 가지고 하나님과 함께 세상을 다스리는 것이다(창 1:26-28). 하지만 인간의 타락과 함께 인간이 가진 통치권은 마귀에게 넘어가게 된다. 인간의 타락은 죄의 종 곧 마귀의 종이 되는 것을 의미하기 때문이다(롬 6:16). 인간이 마귀의 다스림을 받아 마귀의 종이 될 때 통치권도 빼앗기는 것이다. 종이 되는 순간 내가 가진 것은 모두 주인에게 빼앗긴다. 인간의 타락과 함께 인간이 가진 통치권은 마귀에게 넘어가게 된다. 인간의 타락은 죄의 종 곧 마귀의 종이 되는 것을 의미하기 때문이다.

하나님이 인간에게 주신 복인 통치권이 마귀에게 넘어갔기 때문에 마귀는 이 세상의 권세를 가지게 된다. 그리고 이 세상에 마귀의 다스림이 들어온다. 마귀가 다스리는 이 세상은 몇 가지 중요한 특징을 가지고 있다. 요한일서 2장 15, 16절 말씀이 그 특징을 잘 보여 준다.

> 이 세상이나 세상에 있는 것들을 사랑하지 말라 누구든지 세상을 사랑하면 아버지의 사랑이 그 안에 있지 아니하니 이는 세상에 있는 모든 것이 육신의 정욕과 안목의 정욕과 이생의 자랑이니 다 아버지께로부터 온 것이 아니요 세상으로부터 온 것이라(요일 2:15-16)

마귀가 다스리는 이 세상에는 육신의 정욕이 있다. 육신의 정욕은 하나님을 대적하여 타락한 인간 본성에서 나오는 모든 죄악 된 성적 욕망과 더 가지려는 탐욕을 말한다. 육신의 정욕은 하나님 아닌 다른 무엇인가로 내 마음을 채우려는 욕구로 인해 인간이 하나님에게서 멀어지게 한다.

마귀가 다스리는 이 세상에는 안목의 정욕이 있다. 안목의 정욕은 인간이 눈으로 봄으로 인하여 생기는 잘못된 욕망과 욕심을 말한다. 안목의 정욕은 좋은 차, 좋은 가방, 얼짱, 몸짱 등 보암직스러운 모든 것들을 소유하고 싶어 하는 마음을 일으킨다. 인간이 포르노그래피나 폭력성 있는 영상에 마음을 빼앗긴 것도 안목의 정욕 때문이다.

마귀가 다스리는 이 세상에는 이생의 자랑이 있다. 이생의 자랑이라 함은 세상 것에 대한 자랑과 허세를 말한다. 자기를 사랑하며 교만한 인간의 죄악 된 본성이 이생의 자랑으로 드러난다. 이생의 자랑은 서로를 비방하며, 오만과 자기 고집으로 죄에 대한 민감한 마음을 둔하게 만든다.

이러한 육신의 정욕, 안목의 정욕, 이생의 자랑이 마귀가 다스리는 세상의 특징이다. 하나님을 모르는 사람의 일반적인 모습은 육신의 정욕과 안목의 정욕, 이생의 자랑을 쫓아 각자 자기 신념에 옳은 대로 사는 것이다. 그래서 그들의 삶의 영역에서 아무런 죄책감 없이 죄를 짓는다. 그리고 이러한 모습은 현재 이 세상에서 죄의 모습으로 반영된다.

우리가 사는 세상에는 일곱 가지의 사회적 영역이 있다. 교회, 가정, 교육, 문화 예술, 미디어, 경제, 정치가 그것이다. 이 모든 영역들은 하나님 혹은 마귀의 다스림에 모두 열려 있는 치열한 영적 전쟁터이다. 그래서 사회의 일곱 가지 영역 안에는 마귀의 다스림 때문에 육신의 정욕, 안목의 정욕, 이생의 자랑에 근거한 다양한 문제들이 발생하고 있다.

이러한 모든 문제는 이 세상이 마귀의 다스림을 받고 있으며 그로 인해 이 세상 사람들이 육신의 정욕과 안목의 정욕과 이생의 자랑으로 살기 때문이다. 하나님은 마귀의 다스림으로 깨어져 있는 각 개인과 사회의 모든 영역들에 하나님 나라, 곧 하나님의 다스림과 구원이 임하길 원하신다.

교회	영적 지도자들의 재정과 윤리 문제뿐 아니라 성도들의 다툼과 분열, 부정부패로 사회에서 그 영향력을 잃어버렸다.
가정	가정 폭력과 아동 학대, 이혼 등으로 가장 작은 교회인 가정은 심각한 상처를 받고 있다.
교육	신자유주의와 인본주의, 실용주의에 기반을 둔 교육은 이미 학생들의 전인격적인 성장을 포기하였다.
문화 예술	상업주의로 물든 문화 예술은 사회 도덕성 붕괴의 주요한 요인이 되었다.
미디어	권력과 이데올로기의 노예가 된 미디어는 최소한의 국민의 알 권리마저 박탈시켰다.
경제	빈부의 격차는 날이 갈수록 심해지지만 기업과 부자들은 최소한의 사회적 선행에 인색하다.
정치	사회적 정의가 무너졌고, 정치인들은 가장 신뢰할 수 없는 부류로 생각될 정도로 국민들에게 부정적이다.

하나님 나라의 확장성

또 비유를 들어 이르시되 천국은 마치 사람이 자기 밭에 갖다 심은 겨자씨 한 알 같으니 이는 모든 씨보다 작은 것이로되 자란 후에는 풀보다 커서 나무가 되매 공중의 새들이 와서 그 가지에 깃들이느니라(마 13:31-32)

이 말씀은 예수님이 하나님 나라가 조용하지만 점진적으로 확장해 가는 모습을 비유로 설명하신 것이다. 겨자나무(본래는 풀)의 씨는 눈에 보이지 않을 정도로 작은 씨앗이지만, 한철 동안 약 삼사 미터 정도까지 자란다. 이것은 하나님 나라가 작은 씨앗처럼 시작하지만 끝은 비교할 수 없을 정도로 확장되는 것을 보여 준다.

하나님 나라는 분명 확장성을 가지고 있다. 이러한 확장성은 오늘날의 복음의 확산을 통해서도 잘 알 수 있다. 이스라엘의 작은 마을에서 시작된 복음은 동시대 로마뿐 아니라 현시대에도 여전히 모든 나라와 족속으로 확장되고 있다. 하나님 나라의 확장성이 가능한 이유는 하나님 나라가 가지고 있는 역동적인 특성 때문이다. 마태복음 11장 12절 말씀은 이러한 사실을 잘 보여 준다.

> 세례 요한의 때부터 지금까지 천국은 침노를 당하나니 침노하는 자는 빼앗느니라(마 11:12)

이 말씀에서 우리가 주목해야 할 구절이 있다. "침노를 당하나니"라는 구절이다. 천국, 곧 하나님 나라는 침노를 당한다. 그런데 여기서 '침노를 당한다'는 구절은 헬라어 '비아제타이(βιάζεται)'라는 단어를 사용한다. 이 단어는 해석상 두 가지 번역이 가능하다. 하나는 수동태 번역이고, 다른 하나는 중간태 번역이다. 수동태 번역은 '침노를 당한다'이다. 개역개정 성경은 수동태 번역을 사용하고 있다. 하지만 중간태로 번역하면 그 의미는 달라진다. 중간태 번역은 '역동적으로 전진한다', '밀고 들어간다'는 의미이다. 영어 성경 NIV는 중간태 번역을 사용하여 이 구절을 'forcefully advancing(역동적으로 전진하다)'으로 표현한다. 번역에 있어서 이 두 가지의 해석이 모두 가능하다. 그런데 만약 후자로 번역할 경우(학자들의 견해는 후자가 더 유력하다) 하나님 나라의 특징은 그 역동성에 있다 할 것이다. 즉, 하나님 나라는 점진적으로 확장해 가는 것이다. 나는 이러한 특성을 '하나님 나라의 역동적인 확장성'이라 표현한다.

역동적인 확장성을 가진 하나님 나라는 마귀가 다스리는 사회의 모든 영역에서도 마찬가지이다. 스탠리 존스(E. Stanley Jones)가 말했듯이 하나님 나라는 역동적인 능력으로 세상에 침투하고 있다. 세상에 침투한 하나님 나라는 각 개인과 사회의 모든 영역에서 모든 마귀의 다스림을 무력화한다. 하나님의 본질적인 성품에 근거한 회복을 가져오는 것이다.

하나님 나라와 회복

몇 년 전 나는 신장 암 제거를 위한 신장 부분 절제 수술을 했다. 수술 후 회복실에서 마취를 깼을 때 나의 첫마디는 "아파!"였다. 몸 안의 내장의 일부를 잘라냈으니 아플 만도 했다. 회복실에서 입원실로 옮긴 후 나는 통증 때문에 기본 진통제 외에 마약 성분의 진통제인 모르핀까지 맞았지만, 약효가 있는 순간만 잠시 괜찮을 뿐 통증은 계속되었다. 그런데 그때 불편한 마음이 생기기 시작했다. 하나님을 섬긴다고 최선을 다했는데 암에 걸리고 그 통증 때문에 힘들어 하는 내 모습이 너무 싫었다. 그래서 속으로 하나님을 원망하기 시작했다.

그런데 불평이 계속되던 어느 순간, 이런 내 모습이 조금씩 부끄러워졌다. 생각해 보면 내가 늘 가르쳐 온 것 중 하나가 '어떠한 고난과 어려움이 온다 할지라도 하나님을 의지하고 감사하라'는 것이었는데, 막상 어려운 현실이 내게 닥치자, 나는 가르친 대로 살지 못했기 때문이다. 순간 나는 하나님 앞에서 내 연약한 모습을 회개하고, 억지로 감사 기도를 하기 시작했다.

놀라운 사실은 이 기도를 시작한 지 얼마 되지 않아 내 마음에 큰 안식이 찾아오기 시작했다. 하나님 나라의 평강과 희락이 임한 것이다. 그리고 신장 암과 관련한 진짜 감사의 제목들이 생각나기 시작했다.

허리가 아픈데 신경외과가 아닌 내과로 가서 진찰 받은 덕분에 초기 신장 암을 발견한 일로부터 시작해서, 내 인생의 기도제목과 관련한 하나님의 응답들이 하나하나 생각났다. 나는 더 감사할 수밖에 없었다. 물론 기도하는 순간에도 육체의 고통은 여전했다. 하지만 주님이 내 마음에 주시는 영혼의 회복은 육체의 고통을 잊게 하는 큰 은혜였다.

하나님 나라는 회복의 능력을 가진다. 이것은 그 나라가 가지는 특성 때문이다.

첫째, 하나님 나라 안에는 성령님이 주시는 '의'가 있다.

> 하나님의 나라는 먹는 것과 마시는 것이 아니요 오직 성령 안에 있는 의와 평강과 희락이라(롬 14:17)

'의'라는 단어는 헬라어의 '디카이오쉬네(δικαιοσύνη)'란 단어를 사용한다. 이 단어에는 두 가지 의미가 있다. 그 하나는 예수 그리스도로 인하여 주어진 구원이다. 바울은 그의 서신서 여러 곳에서 믿음으로 말미암아 하나님이 주신 구원과 관련하여 이러한 표현을 사용한다(롬 9:30, 10:4, 고후 5:21, 빌 3:9). 하나님 나라가 임하면 잃어버린 영혼이 주께로 돌아오는 역사가 일어난다. 그렇기에 우리의 가정과 직장에 예수님을 알지 못하는 자들의 구원을 위해 기도할 때 하나님 나라가 임하도록 기도해야 한다.

'의'의 또 다른 의미는 '도덕적 의로움'이다. 인간 삶의 성실함, 순결과 미덕, 느낌과 생각, 행동의 올바름을 말할 때 '의'를 말한다(마 5:10, 행 13:10, 롬 6:13). 하나님 나라가 임하면 인간의 무너진 도덕성이 회복된다. 성령님이 주시는 선한 마음을 따라 복음에 합당한 삶을 살고자 하는 열정이 회복된다.

둘째, 하나님 나라 안에는 성령님이 주시는 평강과 희락이 있다.

> 하나님의 나라는 먹는 것과 마시는 것이 아니요 오직 성령 안에 있는 의와 평강과 희락이라(롬 14:17)

평강과 희락은 환경과 상황에 상관없는 내적인 고요함이며 기쁨이다. 이러한 모습은 진정한 안식이며 하나님 나라 백성의 특권이다. 오늘날에는 그리스도인들조차 하나님 나라가 주는 평강과 희락을 잃어버렸다. 현실적 문제에 대한 걱정, 깨어진 인간관계, 인정받고 싶어 하는 마음, 끊임없는 경쟁, 열등감과 비교의식으로 인해 내면은 병들고 평강과 희락을 잃어버렸다. 어떤 이들은 돈이나 권력, 인맥이나 쾌락이 평강과 희락을 가져올 것이라 믿고 있지만 이러한 것들이 때론 인간의 삶을 오히려 파괴적으로 만든다. 인간이 가장 안전할 때는 하나님의 다스림을 받을 때라는 사실을 깨달아야 한다. 하나님 나라가 주는 평강과 희락은 진정한 안식으로의 회복을 가져올 수 있다.

> 평안을 너희에게 끼치노니 곧 나의 평안을 너희에게 주노라 내가 너희에게 주

는 것은 세상이 주는 것과 같지 아니하니라 너희는 마음에 근심하지도 말고 두려워하지도 말라(요 14:27)

셋째, 하나님 나라 안에는 치유가 있다.

요한이 옥에서 그리스도께서 하신 일을 듣고 제자들을 보내어 예수께 여짜오되 오실 그이가 당신이오니이까 우리가 다른 이를 기다리오리이까 예수께서 대답하여 이르시되 너희가 가서 듣고 보는 것을 요한에게 알리되 맹인이 보며 못 걷는 사람이 걸으며 나병환자가 깨끗함을 받으며 못 듣는 자가 들으며 죽은 자가 살아나며 가난한 자에게 복음이 전파된다 하라 누구든지 나로 말미암아 실족하지 아니하는 자는 복이 있도다 하시니라(마 11:2-6)

세례 요한은 감옥에서 제자들을 예수에게 보내 "오실 그이가 당신이오니이까?"라고 묻는다. 이 질문의 의미는 "당신이 우리가 기다리는 메시아이십니까?"이다. 이 질문에 예수님은 동문서답하시듯 자신으로 인하여 많은 병자들이(맹인, 절름발이, 나병 환자, 귀머거리) 낫게 되고, 죽은 자가 살아나며, 가난한 자에게 복음이 전파된다고 답변하신다. 물론 이 답변은 동문서답이 아니다.

사실 이 답변은 율법에 익숙한 요한과 그의 제자들에게 예수님이 메시아임을 확인해 주는 답변이다. 예수님이 말씀하신 '병자들이 치유되고, 죽은 자가 살아나며, 가난한 자에게 복음이 전파되어지는 것'은 이사야에서 예언한 메시아가 이 땅에 와서 하나님 나라가 이루어질 때 드러나는 현상들이기 때문이다(사 29:18, 35:5-6, 42:7, 61:1). 결국 예수님은 그분의 답변을 통해 예수님 당신이 이사야의 예언을 성취하실 메시아라는 사실을 세례 요한의 제자들에게 말씀하셨다.

6절에 나오는 "나로 말미암아 실족하지 아니하는 자는 복이 있도다"는 구절은 '너희들이 메시아에 대해 가진 고정 관념과 추측으로 예수를 판단하여 실족하지 말라'는 메시지이다. 여기서 중요한 사실은, 예수님이 가져온 하나님 나라 안에는 이사야의 예언처럼 치유가 있다는 것이다.

마태복음의 구조도 이러한 사실을 증명한다. 마태복음의 주요한 주제는 예수님이 가져오신 천국 복음, 곧 하나님 나라의 복음이다. 마태복음 4장 23절부터 9장 35절까지의 말씀은 수미상관법칙(Inclusio)이라는 문학적 특징을 가지고 있다. 예수님의 사역이 하나님 나라를 가르치는 것과 선포하는 것, 그리고 치유 사역이었다는 것을 처음과 끝에 기록하고(마 4:23, 9:35), 그 중간(마 5:1-9:34)에는 예수님의 가르침과 치유 사역을 기록하고 있다.

실제로 마태복음 5장에서 7장까지의 말씀은 산상 수훈이다. 산상 수훈의 주제는 하나님 나라 백성의 제자도이다. 그리고 8장부터 9장 34절까지의 말씀에는 예수님의 다양한 치유 사역이 기록되어 있다. 결국 예수님이 가지고 오신 하나님 나라는 놀라운 치유의 일들을 동반한다는 것을 말해 주는 것이다.

넷째, 하나님 나라 안에는 채움이 있다.

성경에서 오병이어 사건은 사복음서 모두에 기록된 중요한 사건이다. 오병이어가 중요한 이유는 이 사건은 하나님 나라의 특징을 보여 주기 때문이다. 오병이어 사건은 하나님 나라의 잔치이며 거기에 채움이 있는 것이 특징이다. 이 채움은 두 가지로 드러난다.

하나는 영적인 채움이다. 오병이어 사건이 있었던 그곳에서 예수님은 하나님 나라의 일을 가르친다(눅 9:11). 그곳은 빈 들, 곧 광야였지만 하나님이 주시는 생명의 떡이 존재했다. 광야에 머문 무리들은 하나님 나라가 주는 영적 부요함을 경험했다.

다른 한 가지는 육체적 채움이다. 육체적 채움은 또 두 가지 형태로 나타난다. 하나는 질병의 치유이고(눅 9:11), 다른 한 가지는 일상의 필요의 채움이다(눅 9:16-17).

> 도둑이 오는 것은 도둑질하고 죽이고 멸망시키려는 것뿐이요 내가 온 것은 양으로 생명을 얻게 하고 더 풍성히 얻게 하려는 것이라(요 10:10)

정리해 보면, 하나님 나라가 가지고 있는 '의', '평강과 희락',

'치유', '채움'의 특성은 그 나라가 임하는 곳마다 회복을 가져온다는 것이다.

하나님의 거룩하신 목적의 회복

하나님 나라가 회복의 능력을 가지고 역동적으로 이 세상에 확장될 때 나타나는 결과가 있다. 각 개인뿐 아니라 사회의 모든 영역에서 하나님의 거룩하신 목적이 회복된다는 것이다. 하나님 나라는 한 개인의 영혼을 회복할 뿐 아니라 사회의 모든 영역에서도 뜻이 하늘에서 이룬 것같이 땅에서도 이루어지게 하는 능력이 있다. 특별히 하나님 나라가 사회의 각 영역에 임할 때는 다음과 같은 역사가 일어난다.

교회	십자가의 제자도가 회복된다. 값없이 받은 하나님의 은혜에 감사하여 세상에 긍휼과 자비를 실천한다.
가정	사랑과 용납이 회복되고, 부부는 서로를 존중하며 자녀를 위한 영적, 도덕적, 육체적 보호를 위해 함께 노력한다.
교육	하나님을 경외하며 지혜를 탐구한다. 학생들은 획일화된 목적을 위한 소모적인 경쟁보다는 전인격적 성장과 더불어 미래를 준비한다.

문화 예술	문화 예술에 종사하는 예술가의 창조적 활동은 많은 사람들에게 기쁨과 쉼을 주며, 거룩한 생각을 전달하기 위한 창조적 예술 활동이 활성화된다.
미디어	미디어는 정확한 사실과 진실을 말하며 공정성을 회복한다. 또한 언론의 주요 기능인 사회 비판과 감시 기능이 회복된다.
경제	정직함이 회복되며, 더 많은 나눔과 사회적 선행을 실천한다. 빈부의 격차가 줄어들며, 가난한 자의 경제적 자립을 위한 실제적 노력이 계속된다.
정치	정의가 회복된다. 그 결과 가난하든 부유하든, 배웠든 못 배웠든, 남자든 여자든, 귀천에 상관없이 공평이 실행되어 모든 사람이 사람답게 살 수 있는 제도와 기반이 마련된다.

영적 전쟁의 중요한 목적이 이것이다. 영적 전쟁은 각각의 개인뿐 아니라 사회의 모든 영역 안에 하나님 나라를 확장시키고, 하나님 나라의 확장은 세상을 향한 하나님의 거룩하신 목적을 이루는 것이다.

영적 전쟁과 전도

이번 장을 마무리하면서 반드시 다뤄야 할 부분이 있다. 영적 전쟁의 목적은 하나님 나라의 확장이다. 나는 이 책에서 하나님 나라를 확장하기 위한 영적 전쟁의 방법으로 그리스도인의 삶의 문제를 다루었다. 분명한 사실은 하나님 백성이 하나님 나라의 복음에 합당하게 살기 위해서는 하나님 나라를 확장하는 영적 전쟁을 해야 한다는 것이다. 그렇다고 해서 하나님 나라를 확장할 수 있는 가장 직접적인 방법을 간과해서는 안 된다. 하나님 나라 확장을 위한 가장 직접적인 방법은 전도이다. 그렇기 때문에 하나님 나라의 확장이라는 같은 목적 아래에서 전도 역시 중요한 영적 전쟁의 방법이다.

누가복음 10장에는 예수님이 칠십 명의 전도자를 세워 파송하는 장면이 기록되어 있다(눅 10:1-20). 이때 전도여행을 마치고 돌아온 칠십 명의 전도자들의 보고는 전도의 능력을 보여 준다.

> 칠십 인이 기뻐하며 돌아와 이르되 주여 주의 이름이면 귀신들도 우리에게 항복하더이다 예수께서 이르시되 사탄이 하늘로부터 번개같이 떨어지는 것을 내가 보았노라 내가 너희에게 뱀과 전갈을 밟으며 원수의 모든 능력을 제어할 권능을 주었으니 너희를 해칠 자가 결코 없으리라 그러나 귀신들이 너희에게 항복하는 것으로 기뻐하지 말고 너희 이름이 하늘에 기록된 것으로 기뻐하라 하시니라(눅 10:17-20)

그리스도인이 전도할 때 마귀는 항복한다. 복음 전도를 통하여 마귀는 더 이상 설 자리를 잃게 된다. 영적 전쟁과 전도는 절대 별

개의 것이 아니다.

　예수전도단 대구지부의 사명 가운데 하나는 대구 안의 모든 개개인과 각 사회 영역 안에 하나님 나라를 확장하는 것이다. 이러한 사명을 위하여 우리 지부의 사역자들이 가장 중요하게 생각하는 사역은 전도이다. 우리는 다양한 형태의 전도 프로그램을 만들어 직접적인 복음 전도에 힘쓰고 있다. 라면 전도, 붕어빵 전도, 집창촌 전도, 거리 정화운동을 통한 전도, 청소년 구제를 통한 전도 등 다양한 전도 사역들은 영광의 복음의 광채를 보지 못하게 속이는 마귀의 세력에 강한 공격이 된다. 직접적인 복음 전도와 그 복음에 합당한 삶이 영적 전쟁이다.

맺음말

C.S. 루이스는 마귀의 존재에 대해 완전히 무시하거나 혹은 건전하지 못한 방식으로 흥미를 갖는 양극단에 대해 경고합니다. 이러한 경고는 영적 전쟁의 군사로 부름 받은 그리스도인들 모두에게 이 세상에 대한 중요한 관점을 제시합니다.

첫째, 이 세상 사람들은 하나님의 간섭과 통제를 거부합니다.
디트리히 본회퍼는 우리가 살아가고 있는 오늘날의 세상을 '어른이 된 세상(A world come of age)'으로 표현했습니다. 이 말은 인간이 더 이상 하나님을 찾지도 의지하지도 않는 세상이 되었다는 말입니다.

이러한 시대적인 문제는 최소한 B.C. 3세기에 시작된 에피쿠로스주의자들로부터 시작되었다고 말할 수 있습니다. 이들은 신은 인간 세상에 관심이 없고, 세상에 개입도 하지 않으며, 인간의 죽음은 완전한 소멸일 뿐이라고 주장했습니다. 신을 이 세상의 모든 과정에서 제외시킨 것입니다.

18세기의 계몽주의는 에피쿠로스주의의 연속성에서 이해할 수 있습니다. 성경 때문에 무지해진 인간을 계몽시키는 것이 목적인 이들은 과학과 이성을 통하여 세상에서 신을 배제시켜 버렸습니다. 계몽주의의 결과물인 유물론과 진화론은 이러한 배경 속에서 신이 이 세상에 개입할 수 있는 여지를 완전히 빼앗아 버렸습니다.

이러한 사고 속에 있는 세상 사람들은 더 이상 하나님을 찾지도 의지하지도 않습니다. 문제는 그리스도인들조차도 이러한 사람들이 많다는 것입니다. 저는 이러한 자들을 '기독교 무신론자'라 부릅니다. 이들은 하나님을 알되 그들의 삶 속에서 하나님을 영화롭게 하지 않습니다. 그 결과, 그리스도인으로서 아무런 영향력도 없습니다.

마귀는 이러한 세상의 모습을 기뻐합니다. 하나님이 통제하고 간섭할 수 없는 세상은 타락한 인간 본성 때문에 마귀가 통제하고 간섭하기 편해지기 때문입니다.

둘째, 교회는 영적 전쟁에 대한 성경적 관점의 무장이 필요하다는 것입니다.

마귀의 존재를 믿되 건전하지 못한 방식으로의 관심은 인간 역사에 끊이지 않고 내려온 샤머니즘과 어느 정도 연관이 있습니다. 안타까운 것은 그리스도인들 중에도 자신의 선입견과 경험에 매여 비성경적으로 마귀의 존재와 영향력에 접근 하는 자들이 있다는 것입니다.

이러한 문제는 영적 전쟁의 현장에서 어려움으로 드러납니다. 이러한 자들은 영적 전쟁을 종교적인 틀 속에 가두거나 인간 무의식에 박혀 있는 문화적 인식 혹은 자신의 경험으로 이해하려 합니다. 이들은 단지 영적 전쟁을 기도 중에 일어나는 싸움, 몸이 아프거나 고난이 올 때 하는 기도, 선교 여행지에서 사역자들과 팀이 해야 하는 스케줄 정도로만 생각합니다. 또한, 이들은 신중하지 못한 예언적 행위로 주변 사람들을 어렵게 하기도 합니다.

예배, 기도 등과 같은 모든 경건의 행위가 그렇듯이 영적 전쟁도 종교적인 틀에 갇혀 신앙인의 일상적인 삶과 분리되는 순간 이분법이라는 위험한 함정에 빠져 영향력을 상실할 수 있습니다.

또한 중보기도 중 행하는 예언적 행위에 대해서 좀 더 신중하고 깊이 있는 성찰이 필요합니다. 성경에 나와 있는 예언적 행위들을 오늘날 문자적으로 적용하려 하는 것은 성경에 대한 무리한 해석입니다.

성경은 영적 세계 뿐 아니라 현실의 삶 속에서 일어나는 영적 전쟁에 대한 올바른 관점을 우리에게 제시합니다. 그리고, 성경적 관점으로부터 출발한 영적 전쟁은 우리의 삶의 현장에서 하나님 나라를 확장하는 중요한 하나님의 방법입니다.

이 책을 읽는 모든 분들을 통하여 하나님의 "뜻이 하늘에서 이룬 것 같이 땅에서도 이루어지는" 은혜가 충만하길 기도합니다.

참고 도서

『하나님 나라를 어떻게 이해할 것인가?』, 양용의 지음, 성서 유니온 선교회 펴냄
『구속사와 하나님 나라』, 리델보스 지음, 오광만 옮김, 풍만 펴냄
『하나님 나라 임하소서』, 짐 스타이어, 리칠린푸어, 리오 오르비스 지음, 정옥배 옮김, 예수전도단 펴냄
『마태복음 어떻게 이해할 것인가?』, 양용의 지음, 성서 유니온 선교회 펴냄
『빌립보서 강해』, 김세윤 지음, 두란노 펴냄
『고린도전서 강해』, 김세윤 지음, 두란노 아카데미 펴냄
『기독교 세계관과 현대사상』, 제임스 사이어 지음, 김헌수 옮김, IVP 펴냄
『창조 타락 구속』, 알버트 월터스 지음, 양성만 옮김, IVP 펴냄
『세계관을 분별하라』, 안점식 지음, 죠이 선교회 펴냄
『라이프 워크』, 대로우 밀러 지음, 이혜림 옮김, 예수전도단 펴냄
『톨레랑스의 두 얼굴』, 조시 맥도웰, 밥 호스테틀러 지음, 유정희 옮김, 스텝스톤 펴냄
『구약 어떻게 읽을 것인가?』, 이한영 지음, 성서 유니온 선교회 펴냄
『오경과 구약의 언약 신학』, 송재근 지음, 두란노 펴냄
『요단강에서 바벨론 물가까지: 구약 역사서의 문예적 신학적 서론』, 김지찬 지음, 생명의 말씀사 펴냄
『십자가를 향하여』, 톰 라이트 지음, 정용성 옮김, 말씀 사랑 펴냄
『바울』, F.F. 브루스 지음, 박문제 옮김, 크리스챤 다이제스트 펴냄
『우리 시대의 선행과 영적 위험』, 피터 그리어, 제프리 리 지음, 율리시즈 펴냄
『내가 속히 오리라』, 이필찬 지음, 이레서원 펴냄
『나라를 제자삼는 하나님의 8가지 영역』, 란다 콥 지음, 김명화 옮김, 예수전도단 펴냄
『시대가 묻고 성경이 답하다』, 톰 라이트 지음, 안종희 옮김, IVP 펴냄

거룩으로 나아갈 때

지은이	박민호

2017년 3월 5일 1판 1쇄 펴냄
2025년 4월 3일 1판 8쇄 펴냄

펴낸곳	도서출판 예수전도단
출판 등록	1989년 2월 24일(제2-761호)
주소	서울특별시 관악구 신림로7나길 14
전화	02-6933-9981 · **팩스** 02-6933-9989
이메일	ywam_publishing@ywam.co.kr
홈페이지	www.ywampubl.com

ISBN 978-89-5536-536-8 (03230)

책값은 뒤표지에 있습니다.
잘못된 책은 바꾸어 드립니다.